우리가 꼭
알아야 할

명심
보감
50선

明心寶鑑

우리가 꼭
알아야 할

명심보감
50선

이상필 성독 / 김 생 편역

논형

머리말 明心寶鑑

　　초등학교 6학년쯤인가 정확히 기억하지는 못하지만 선친께 『명심보감 明心寶鑑』이 무슨 뜻인지 여쭈어 본 적이 있습니다. 그때 선친께서는 "명심보감은 마음을 밝게 하는 보배로운 거울과 같은 책이란다."라고 말씀해 주셨습니다. 그러시더니 집에 전해 내려오던 『명심보감』을 보여주셨습니다.

　　그 후 저는 이 책에다 연필로 모르는 한자의 뜻을 적어 보기도 하고, 작은 붓으로 글자 연습을 해 보기도 하였습니다. 세월이 꽤 흘러 곰곰이 생각해 보니 사람이 세상을 살아가면서 자신의 삶에 올바른 방향을 열어 주는 소중한 책을 만난다는 것은 큰 행복이자 기쁨이 아닐 수가 없습니다. 저에게 있어서는 『명심보감』이 아니었나 싶습니다.

　　이제는 고등학교와 중학교에 다니는 우리 집 큰딸과 작은딸이 달팽이 같은 공부방에서 스스로 『명심보감』을 읽다가 모르는 한자와 내용이 있으면 신중하게 물어봅니다. 어느새 『명심보감』은 시간과 공간을 넘어 우리 가족을 사랑으로 연결해 주는 정다운 징검다리가 되었습니다.

　　이에 이 세상의 모든 가족들을 생각하면서 『우리가 꼭 알아야 할 명심보감 50선』을 새로이 엮어 보았습니다. 온 가족이 오순도순 모여 앉아서 이 책을 꼭 잡고 힘차게 소리내어 읽어 가는 모습을 상상해 봅니다. 정성스럽게 펼쳐지는 책장마다 가족의 소중한 얼굴들이 초롱초롱 빛났으면 하는 마음 간절합니다.

　　아울러 이 책을 엮으면서 많은 분들의 소중한 도움을 받았습니다. 바쁜 시간에도 불구하고 이 책을 꼼꼼히 읽어보시고 소중한 가르침을 주신 경상대학교 한문학과 이상필 선생님과 경상대학교 중어중문학과 한상덕 선생님 그리고 삼천포여자고등학교 송창섭 교장선생님께 깊은 감사의 말씀을 드립니다. 또한 사랑하는 아내 박수자와 두 딸 민희와 진희에게, 고향을 묵묵히 지키는 나의 벗 조상범 님과 경남 하동의 독립운동가 박치화 선생의 후손인 박영신 님께도 고마운 마음을 전합니다.

2019년 10월 23일 소파서실에서

김 생 공손히 씁니다.

明心寶鑑 차 례

1. 이 책은 지금까지 전해오는 초략본(통행본)『명심보감 明心寶鑑』의 여러 판본들을 참조하여 누구나 쉽게 공부할 수 있도록 편역자가 50개의 문장을 뽑아서 재구성하였습니다.

2. 이 책의 내용은 원문, 뜻풀이, 인물과 책명, 문장쓰기, 한자풀이, 어구풀이, 보충설명 등 일곱 부분으로 나누어져 있습니다. 특히 읽는 이의 자학자습(自學自習)을 위해서 한자풀이와 어구풀이에 주안점을 두고 상세한 설명을 하였습니다.

3. 한자에 따른 부수의 명칭은『한한대자전 漢韓大字典』(민중서림)을 기준으로 하였습니다.

4. 원문의 한자음은 두음법칙을 따르지 않았습니다.

5. 책을 엮으면서 참고를 한 여러 책은 책의 끝부분에 있는 '읽고 도움 받은 책들' 속에 밝혀두었습니다. 함께 읽는다면 이 책을 이해하는 데 많은 도움이 될 것입니다. 이와 같이 여러 선생님들의 귀한 자료가 이 책을 엮는 데 큰 도움이 되었음을 밝히며 아울러 감사의 말씀을 드립니다.

6. 이 책의 주요 사용 부호는 아래와 같습니다.

『　』: 책명. 오경(五經) 등의 설명에서는 생략하였음.
「　」: 편명, 시명, 어제명 등.
[　]: 글귀의 첨가나 글귀를 생략할 수 있음의 뜻.
(　): 한자의 훈음과 뜻의 보충.
〈　〉: ( ) 안 한자의 훈음과 뜻의 보충.
'　': 강조 사항.
↔ : 반대 뜻의 한자.
= : 같은 뜻의 한자.
≒ : 비슷한 한자와의 비교.

단원 김홍도(金弘道)의 서당도(書堂圖)
(서울, 국립중앙도서관 소장)

착한 일을 하면 하늘이 복을 준다

子曰 爲善者 天報之以福

爲不善者 天報之以禍

^자^왈 ^위^선^자 ^천^보^지^이^복
子曰 爲善者는 天報之以福하고

^위^불^선^자 ^천^보^지^이^화
爲不善者는 天報之以禍니라

공자(孔子)께서 말씀하시기를, "착한 일을 하는 사람은 하늘이 그에게 복으로써 갚아 주고, 착하지 않은 일을 하는 사람은 하늘이 그에게 화로써 갚아 주느니라."하셨다.

[문장쓰기]

^자^왈 ^위^선^자 ^천^보^지^이^복
子曰 爲善者는 天報之以福하고

^위^불^선^자 ^천^보^지^이^화
爲不善者는 天報之以禍니라.

[인물과 책명]

○ 공자(孔子, 기원전 551년~479년)

유교(儒敎)의 정립자이며 인류 역사의 3대 성인(聖人) 가운데 한 분이시다. 이름은 구(丘), 자는 중니(仲尼)이다. 유교의 대표 경전이며 인류의 영원한 베스트셀러인 『논어(論語)』는 공자가 세상을 떠난 뒤에 제자들이 그의 언행을 소중히 모아 엮은 책이다.

[한자풀이]

○ 子 (아들 자, 子 아들 자 부수 0획)

아들, 자식(아들과 딸), 씨앗, 열매(結子^{결자}: 열매를 맺다), 옛날에 제자가 스승에 대해 쓰던 존칭어(孔子^{공자}, 孟子^{맹자}, 朱子^{주자}).

○ 曰 (가로 왈, 曰 가로 왈 부수 0획)

말하다(曰可曰否^{왈가왈부}: 옳다 그르다하며 이러쿵저러쿵 말하다), 말씀하시다.

○ 爲 (할 위, 爪〈爫〉손톱 조 부수 8획)

하다, 되다, 위하여(爲民^{위민}: 백성을 위하여), ~때문에(親疎爲錢^{친소위전}: 친한 사이가 멀어지는 것은 돈 때문이다).

○ 善 (착할 선, 口 입 구 부수 9획)

착하다, 착한 일, 잘하다(善語者^{선어자}: 말을 잘하는 사람, 善學者^{선학자}: 배우기를 잘하는 사람), 잘(善用^{선용}: 잘 사용하다, 善畫花果^{선화화과}: 꽃과 과일을 잘 그리다).

○ 者 (놈 자, 老〈耂〉늙을 로 부수 5획)

사람, 이, ~라는 것은(天者^{천자}: 하늘이라는 것은, 地者^{지자}: 땅이라는 것은), ~에(昔者^{석자}: 옛날에, 近者^{근자}: 요즘에).

○ 天 (하늘 천, 大 큰 대 부수 1획)

하늘(天地人^{천지인}: 하늘과 땅과 사람, 天下^{천하}: 하늘 아래 온 세상, 天子^{천자}: 하늘의

아들, 황제).

○ ^보報 (갚을 보, 土 흙 토 부수 9획)

갚다, 보답하다, 알리다(報告^{보고}: [어떤 일에 대한 내용이나 결과를 말이나 글로] 알리다).

○ ^지之 (갈 지, 丿 삐침 부수 3획)

가다(목적지가 반드시 있다, 之渤海^{지발해}: 발해로 가다), 그, 그것, 이, 이것, ~이, ~가, ~은(는), ~의, ~하는, ~한.

【참고】渤海는 698년에 우리 민족(대조영이 이끄는 고구려 유민)이 주축이 되고 말갈족이 참여해서 세운 나라였다. 한때는 해동성국(海東盛國)이라 불릴 만큼 큰 나라로 성장하였지만, 거란의 침입으로 926년에 멸망하였다. 지금에 와서는 발해를 어느 민족의 역사인가를 두고 한·중·러·일 사이에 논쟁이 되고 있다. 우리와 일본은 고구려 계통의 역사로 보지만 중국이나 러시아는 말갈족의 역사라고 주장한다.

○ ^이以 (써 이, 人〈亻〉 사람 인 부수 3획)

~으로써(재료·수단·방법), ~으로서(신분·자격), ~때문에(以其有五倫也^{이기유오륜야}: 그 오륜이 있기 때문이다), ~에(以十月祭天^{이십월제천}: 시월에 하늘에 제사지내다, 余以七月七日返^{여이칠월칠일반}: 나는 7월 7일에 돌아오겠다), 매우, 너무(陶以寡^{도이과}: 도자기가 너무 적다).

○ ^복福 (복 복, 示〈礻〉 보일 시 부수 9획)

복, 행복(五福^{오복}: 다섯 가지 복).

【참고】五福은 오래살고(壽^수), 부유하며(富^부), 건강하고(康寧^{강녕}), 덕을 닦고(攸好德^{유호덕}), 편안히 죽음을 맞는 것(考終命^{고종명})을 말한다. 사람이 살면서 누구나 누리고픈 소망이다.

○ ^불不 (아닐 불, 一 한 일 부수 3획)

아니다, 아니하다, 않다, 못하다

○ ^화禍 (재화 화, 示〈礻〉 보일 시 부수 9획)

화, 재화, 재앙(禍亂^{화란}: 재앙과 혼란).

- **子曰**^{자왈} : 공자(孔子)께서 말씀하셨다. 여기서 子는 공자를 가리킨다. 스승에 대한 존칭의 뜻으로 사용하였다.

- **爲善者**^{위선자} : 착한 일을 하는 사람, 선을 행하는 사람.

- **天報**^{천보} : 하늘이 보답한다.

- **之**^지 : 爲善者를 가리킨다. '그에게'로 해석하면 된다.

- **以福**^{이복} : 복으로써, 행복으로써.

- **天報之以福**^{천보지이복} : 하늘이 그에게 복으로써 보답한다.

- **爲不善者**^{위불선자} : 착하지 않은 일을 하는 사람, 악을 행하는 사람.

- **之**^지 : 爲不善者를 가리킨다. '그에게'로 해석하면 된다.

- **以禍**^{이화} : 화로써, 재앙으로써.

- **天報之以禍**^{천보지이화} : 하늘이 그에게 화로써 보답한다.

[보충설명]

하늘은 우리의 삶을 살리는 큰 은혜로움이 있지만 악행을 일삼는 자에겐 복을 오래도록 누리게 하지는 않는다. 언제나 맑고 고운 마음으로 모든 선행을 받들어 행하여 자신에게 주어진 복의 불씨를 스스로 꺼뜨리지 말아야 할 것이다.

문묘(文廟, 대성전大成殿)에 있는 공자상(孔子像) (중국, 곡부)

아무리 작은 선이라도 행하여라

漢昭烈 將終 勅後主曰

勿以善小而不爲 勿以惡小而爲之

^한 ^소 ^렬　^장 ^종　　^칙 ^후 ^주 ^왈　^물
漢昭烈이 將終에　勅後主曰 勿

^이 ^선 ^소 ^이 ^불 ^위　　^물 ^이 ^악 ^소 ^이
以善小而不爲하고　勿以惡小而

^위 ^지
爲之하라

한나라 소렬황제(昭烈皇帝)가 장차 임종하려 할 때에 후주에게 조칙을 내려 말하기를, "착한 일은 [아무리] 작아도 하지 않으면 아니 되고, 나쁜 일은 [아무리] 작아도 그것을 해서는 아니 되느니라."하였다.

^한 ^소 ^렬　^장 ^종　　^칙 ^후 ^주 ^왈　^물
漢昭烈이 將終에　勅後主曰 勿

^이 ^선 ^소 ^이 ^불 ^위　　^물 ^이 ^악 ^소 ^이
以善小而不爲하고　勿以惡小而

^위 ^지
爲之하라

○ **소렬황제(昭烈皇帝, 기원전 223년~160년)**

성은 유(劉), 이름은 비(備), 자는 현덕(玄德), 시호는 소렬(昭烈)이다. 관우, 장비와 의형제를 맺고 제갈공명의 도움으로 촉한(蜀漢)의 황제가 되었으나 통일을 보지 못하고 세상을 떠났다. 아들 유선(劉禪)에 이르러 조조(曹操)의 위나라에 항복하였다.

[한자풀이]

○ 漢 ^한 (한나라 한, 水〈氵·氺〉 물 수 부수 11획)

한나라(나라 이름), 은하수(維天有漢^{유천유한}: 하늘에는 은하수가 있다), 보잘 것 없는 사람(門外漢^{문외한}: 어떤 일에 전문적인 지식이나 조예가 없는 보잘 것 없는 사람), 부랑쟁이(怪漢^{괴한}: 행동이 수상한 부랑쟁이).

○ 昭 ^소 (밝을 소, 日 날 일 부수 5획)

밝다, 밝히다, 밝게, 환히.

○ 烈 ^렬 (매울 렬, 火〈灬〉 불 화 부수 6획)

맵다, 세차다(불길 따위가 강하다, 烈火^{열화}: 세차게 타는 불), 사납다(猛烈^{맹렬}: 기세가 사납다), 굳세다(烈士^{열사}: 나라를 위해 절의를 굳세게 지키며 충성을 다해 싸운 사람).

【참고】 나라를 위해 일생을 희생하신 분들을 부르는 용어로는 의사(義士), 열사(烈士), 지사(志士)가 있다. 의사(義士)는 나라와 민족을 위해 항거하다 의롭게 돌아가신 사람으로 성패와 상관없이 무력을 통해 적에게 대항한 분들을 가리킨다. 대표적인 의사로는 이등박문을 저격한 안중근, 왜노왕(倭奴王)에게 폭탄을 던진 이봉창 등이 있다. 열사(烈士)는 나라를 위해 주로 맨몸으로 싸우다 의롭게 돌아가신 사람으로, 강력한 항의의 뜻으로 자결을 선택한 분들도 포함된다. 유관순, 이준 등이 대표적인 열사로 꼽힌다. 지사(志士)는 의사와 열사를 포함하는 개념이나, 의사와 열사가 순국한 뒤에 붙이는 이름이라면 지사는 생존해 계신 분들에게도 쓸 수 있는 호칭이다.

○將 (장수 장, 寸 마디 촌 부수 8획)

장수(군대를 지휘 통솔하는 장군), 장차 ~하려고 하다(鳥將死^{조장사}: 새가 장차 죽으려 하다), ~와 함께(將我^{장아}: 나와 함께), ~와(과)(月將影^{월장영}: 달과 그림자).

○終 (마칠 종, 糸〈糹〉 실 사 부수 5획)

마치다, 끝나다, 마침, 끝, 죽음, 임종, 마침내, 결국은.

○勅 (신칙할 칙, 力 힘 력 부수 7획)

신칙하다(단단히 타일러 삼가게 하다), 조칙을 내리다, 칙서, 조칙.

○後 (뒤 후, 彳 두인변 부수 6획)

뒤(數年之後^{수년지후}: 수 년이 지난 뒤에), 후사, 후손, 뒤에 처지다, 뒤에 처지려하다(非敢後也 馬不進也^{비감후야 마불진야}: 감히 뒤에 처지려 한 것이 아니라 말이 나아가지 않았다).

【참고】非敢後也 馬不進也는 노(魯)나라 대부 맹지반(孟之反)이 한 말이다. 맹지반은 기원전 484년 제(齊)나라 군사와의 싸움에서 크게 패배하여 성 안으로 후퇴한 적이 있었다. 이때 그는 퇴각하는 군대의 뒤를 지키면서 마지막으로 성에 도착하였다. 위험을 무릅쓰고 행렬의 맨 뒤에서 행렬을 보호하고 행군을 독려한 맹지반이지만 사람들 앞에서는 이렇게 겸손하게 말했다. 『논어(論語)』에 나온다.

○主 (주인 주, 丶 점 부수 4획) ≒ (王 임금 왕 / 玉 구슬 옥 / 壬 아홉째 천간 임)

주인, 임금(主上^{주상}), 중심으로 삼는다(父子主恩^{부자주은}: 부모와 자식 관계는 은혜를 중심으로 삼는다).

○曰 (가로 왈, 曰 가로 왈 부수 0획)

말하다(曰可曰否^{왈가왈부}: 옳다 그르다하며 이러쿵저러쿵 말하다), 말씀하시다.

○勿 (말 물, 勹 쌀 포 부수 2획)

~하지 말라, ~해서는 안 된다.

○以 (써 이, 人〈亻〉 사람 인 부수 3획)

~으로써(재료·수단·방법), ~으로서(신분·자격), ~때문에(以其有五倫也^{이기유오륜야}: 그

오류가 있기 때문이다), ～에(以十月祭天^{이십월제천}: 시월에 하늘에 제사지내다, 余以七月七日返^{여이칠월칠일반}: 나는 7월 7일에 돌아오겠다), 매우, 너무(陶以寡^{도이과}: 도자기가 너무 적다).

○善 (착할 선, 口 입 구 부수 9획)

착하다, 착한 일, 잘하다(善語者^{선어자}: 말을 잘하는 사람, 善學者^{선학자}: 배우기를 잘하는 사람), 잘(善用^{선용}: 잘 사용하다, 善畫花果^{선화화과}: 꽃과 과일을 잘 그리다).

○小 (작을 소, 小 작을 소 부수 0획) ≒ 少 (적을, 젊을 소)

작다(小車^{소거}: 작은 수레, 小水合流曰川^{소수합류왈천}: 작은 물들이 합해서 흐르는 것을 '내'라고 한다), 작음.

○而 (말 이을 이, 而 말 이을 이 부수 0획)

～하고, ～하며, ～하되, ～하지만, 너, 그대(余而祖也^{여이조야}: 나는 그대의 조상이다).

○不 (아닐 불, 一 한 일 부수 3획)

아니다, 아니하다, 않다, 못하다.

○爲 (할 위, 爪〈爫〉 손톱 조 부수 8획)

하다, 되다, 위하여(爲民^{위민}: 백성을 위하여), ～때문에(親疎爲錢^{친소위전}: 친한 사이가 멀어지는 것은 돈 때문이다).

○惡 (나쁠, 모질 악 / 미워할 오, 心〈忄·㣺〉 마음 심 부수 8획)

나쁘다, 모질다, 나쁜 일, 악한 일, 미워하다(憎惡^{증오}: 몹시 미워하다).

○之 (갈 지, 丿 삐침 부수 3획)

가다(목적지가 반드시 있다, 之渤海^{지발해}: 발해로 가다), 그, 그것, 이, 이것, ～이, ～가, ～은(는), ～의, ～하는, ～한.

【참고】渤海는 698년에 우리 민족(대조영이 이끄는 고구려 유민)이 주축이 되고 말갈족이 참여해서 세운 나라였다. 한때는 해동성국(海東盛國)이라 불릴 만큼 큰 나라로 성장하였지만, 거란의 침입으로 926년에 멸망하였다. 지금에 와서는 발해를 어느 민족의 역사인가를 두고 한·중·러·일 사이에 논쟁이 되고 있다. 우리와 일본은 고구려

계통의 역사로 보지만 중국이나 러시아는 말갈족의 역사라고 주장한다.

[어구풀이]

○ 漢昭烈^{한소렬} : 한나라 소렬황제. 여기서의 한나라는 유비가 세운 촉한(蜀漢)을 가리킨다.

○ 將終^{장종} : 장차 임종하려고 하다.

○ 勅^칙~曰^왈 : ~에게 조칙을 내려 말하다.

○ 後主^{후주} : 뒤를 이을 임금. 유비의 아들 '유선'을 가리킨다. 위나라에 항복하였기에 시호가 없다. 그래서 '후주'라고 한 것이다.

○ 勿^물~ : ~하지 말라, ~해서는 안 된다. 금지의 뜻을 나타낸다.

○ 以善小^{이선소} : 착한 일이 작다고 해서. 여기서 以는 이유나 까닭을 나타낸다. 즉, '~라고 해서'의 뜻이다.

○ 不爲^{불위} : 하지 않다, 행하지 않다.

○ 勿以善小而不爲^{물이선소이불위} : 착한 일이 작다고 해서 하지 않으면 안 된다.

○ 以惡小^{이악소} : 나쁜 일이 작다고 해서. 여기서 以는 이유나 까닭을 나타낸다. 즉, '~라고 해서'의 뜻이다.

○ 爲之^{위지} : 그것을 하다, 그것을 행하다. 여기서 之는 '惡(나쁜 일)'을 가리킨다.

○ 勿以惡小而爲之^{물이악소이위지} : 나쁜 일이 작다고 해서 그것을 해서는 안 된다.

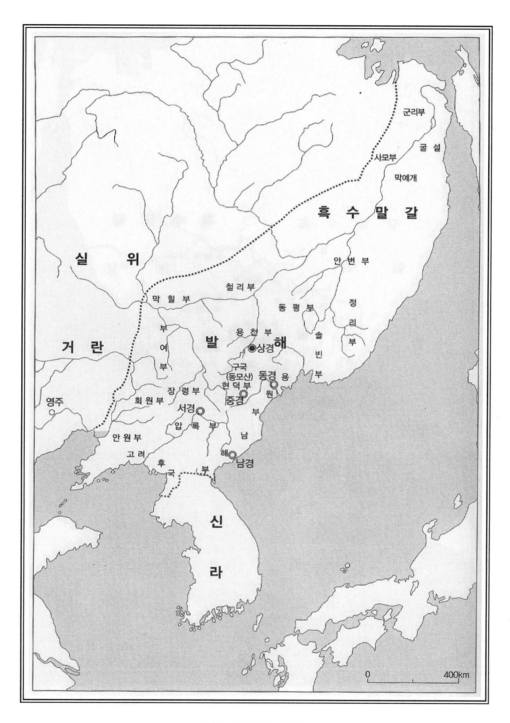

발해(渤海)의 영역

발해의 영역은 최전성기 무렵에 고구려보다 두 배나 컸다.

나쁜 일은 한 번도 많으니 해서는 안 된다

馬援曰 終身行善 善猶不足

一日行惡 惡自有餘

마 원 이 왈   종 신 행 선   선 유
馬援이曰   終身行善이라도   善猶

불 족   일 일 행 악   악 자 유
不足이요   一日行惡이라도   惡自有

여
餘니라

마원(馬援)이 말하기를, "평생토록 착한 일을 행하여도 착한 일은 오히려 부족하고, 하루만 나쁜 일을 행하여도 나쁜 일은 저절로 남아 있느니라." 하였다.

[문장쓰기]

마 원 이 왈   종 신 행 선   선 유
馬援이曰   終身行善이라도   善猶

불 족   일 일 행 악   악 자 유
不足이요   一日行惡이라도   惡自有

여
餘니라

[인물과 책명]

○ 마원(馬援, 기원전 14년~기원후 49년)

후한(後漢) 때의 이름난 명장(名將)으로 자는 문연(文淵)이고, 시호는 충성(忠成)이다. 나이 예순이 넘어도 전장(戰場)에 나갔던 장수로, '노익장(老益壯: 몸은 늙었어도 기개나 열의는 더욱 굳세다)'이라는 유명한 고사성어를 탄생시킨 장본인이다.

[한자풀이]

○ 馬 (말 마, 馬 말 마 부수 0획)

말(동물 이름, 馬行處 牛亦去^{마행처 우역거}: 말 가는 데 소도 간다. 재주가 좀 부족하더라도 꾸준히 노력하면 일을 이룰 수 있음을 비유한 우리나라 속담이다, 駿馬^{준마}: 잘 달리는 좋은 말), 성씨.

【참고】 미수 허목 선생의 『기언(記言)』 「범해록(泛海錄)」에 보면 경상도 창선(昌善, 지금의 남해군 창선면)에는 태복시(太僕寺)에서 감목(監牧)을 두어 말을 길렀는데 절따말(騂^성 털빛이 온통 붉은 말)과 가라말(驪^려 털빛이 검은 말), 아롱진 월따말(騮^류 털빛이 붉고 갈기가 검은 말)이 있었다고 한다. 산에 들어간 것에는 준마도 많았다고 한다.

○ 援 (당길 원, 手〈扌〉손 수 부수 9획)

끌어당기다, 잡아당기다, 돕다(援助^{원조}), 구원하다.

○ 曰 (가로 왈, 曰 가로 왈 부수 0획)

말하다(曰可曰否^{왈가왈부}: 옳다 그르다하며 이러쿵저러쿵 말하다), 말씀하시다.

○ 終 (마칠 종, 糸〈糹〉실 사 부수 5획)

마치다, 끝나다, 마침, 끝, 죽음, 임종, 마침내, 결국은.

○身 (몸 신, 身 몸 신 부수 0획) = 躬 (몸, 자신, 몸소 궁)

몸, 자신, 몸소.

【참고】躬은 '사람의 몸'만을 가리키지만, 身은 사람의 몸 이외에도 사물의 몸체를 가리키기도 한다.

○行 (다닐 행 / 항렬 항, 行 다닐 행 부수 0획)

다니다, 가다, 행하다, 행실, 항렬, 줄.

【참고】항렬(行列)은 친족의 세대(世代) 관계를 나타내는 말인데, 요즘도 각 성씨마다 이름을 지을 때 항렬의 돌림자를 기준으로 해서 짓는다. 족보를 보면 각 성씨마다 항렬의 순서를 적어 놓았다.

○善 (착할 선, 口 입 구 부수 9획)

착하다, 착한 일, 잘하다(善語者^{선어자}: 말을 잘하는 사람, 善學者^{선학자}: 배우기를 잘하는 사람), 잘(善用^{선용}: 잘 사용하다, 善畫花果^{선화화과}: 꽃과 과일을 잘 그리다).

○猶 (같을 유, 犬〈犭〉개 견 부수 9획)

마치 ~와 같다(過猶不及^{과유불급}: 지나침은 마치 미치지 못함과 같다), 오히려, 여전히, 아직도.

○不 (아닐 불, 一 한 일 부수 3획)

아니다, 아니하다, 않다, 못하다.

○足 (발 족, 足〈⻊〉발 족 부수 0획)

발(鳥足之血^{조족지혈}: 새 발의 피. '아주 적은 분량'을 비유하는 말이다), 넉넉하다, 만족하다, 만족함, 족히 ~할 수 있다(足王^{족왕}: 족히 왕 노릇할 수 있다).

○一 (한 일, 一 한 일 부수 0획)

하나, 첫째, 한 번, 통일하다(孰能一天下^{숙능일천하}: 누가 능히 천하를 통일하겠습니까?).

○日 (날 일, 日 날 일 부수 0획)

날, 해, 태양, 매일, 날로(日日新又日新^{일일신우일신}: 날로 날로 새롭게 하며 또 날로 새롭게 한다), 나날이.

○ 惡 ^악 (나쁠, 모질 악 / 미워할 오, 心〈忄·小〉 마음 심 부수 8획)

　　나쁘다, 모질다, 나쁜 일, 악한 일, 미워하다(憎惡^{증오}: 몹시 미워하다).

○ 自 ^자 (스스로 자, 自 스스로 자 부수 0획)

　　스스로, 저절로, 몸소, 자기(自國^{자국}: 자기의 나라), ～부터(自昏至夜^{자혼지야}: 저녁부터 밤까지, 自始至終^{자시지종}: 처음부터 끝까지).

○ 有 ^유 (있을 유, 月 달 월 부수 2획)

　　있다, 어떤(특별히 가리키는 대상은 없다, 有民兄弟^{유민형제}: 어떤 백성의 형제), 다시, 또(終則有始 天行也^{종즉유시 천행야}: 끝나면 또 시작하는 것이 하늘의 운행이다), 어조를 고르게 할 때.

○ 餘 ^여 (남을 여, 食〈食·飠·𩙿〉 밥 식 부수 7획)

　　남다, 남음이 있다, 넉넉하다(餘裕^{여유}).

[어구풀이]

○ 馬援曰^{마원왈} : 마원이 말하였다.

○ 終身^{종신} : 평생토록, 죽을 때까지.

○ 行善^{행선} : 착한 일을 행하다, 선을 행하다.

○ 猶不足^{유부족} : 오히려 넉넉하지 못하다, 오히려 부족하다. 不 뒤 음절의 자음이 ㄷ이나 ㅈ이 오면, 읽는 음이 '불'이 아니라 '부'로 된다.

○ 一日^{일일} : 하루, 하룻동안.

○ 行惡^{행악} : 나쁜 일을 행하다, 악을 행하다.

○ 自有餘^{자유여} : 저절로 남아 있다.

조선 제1대 태조 임금이 타던 유린청도(游麟靑圖)
(작가 미상, 국립중앙박물관 소장)

함흥산이고 해주에서 싸우고 운봉에서 승전할 때 탔다. 세 대의 화살을 맞았고, 빠르기가 기린과 같은 청총마(靑驄馬 흰 바탕에 푸른 빛깔이 섞인 말)였다.

음덕을 쌓으면 자손이 복을 받는다

司馬溫公曰 積金以遺子孫 未必子孫
能盡守 積書以遺子孫 未必子孫 能盡讀
不如積陰德於冥冥之中 以爲子孫之計也

司馬溫公이 曰 積金以遺子孫이라

도 未必子孫이 能盡守요 積書

以遺子孫이라도 未必子孫이 能盡

讀이니 不如積陰德於冥冥之中

하여 以爲子孫之計也니라

사마온공(司馬溫公)이 말하기를, "황금을 모아서 자손에게 남겨 주더라도 자손이 반드시 다 지키지 못할 것이요, 책을 모아서 자손에게 남겨 주더라도 자손이 반드시 다 읽지 못할 것이다. 남모르게 음덕을 쌓아서 자손을 위한 계책으로 삼느니만 못하느니라."하였다.

사 마 온 공 왈 적 금 이 유 자 손
司馬溫公이曰 積金以遺子孫이라

미 필 자 손 능 진 수 적 서
도 未必子孫이 能盡守요 積書

이 유 자 손 미 필 자 손 능 진
以遺子孫이라도 未必子孫이 能盡

독 불 여 적 음 덕 어 명 명 지 중
讀이니 不如積陰德於冥冥之中

이 위 자 손 지 계 야
하여 以爲子孫之計也니라

[인물과 책명]

○ 사마온공(司馬溫公, 1019년~1086년)

북송(北宋) 때의 유학자이자 역사가이다. 이름은 광(光), 자는 군실(君實), 시호는 문정(文正)이다. 세상을 떠난 뒤에 온국공(溫國公)에 봉해졌으므로 사마온공이라 칭하였다. 저서에 『자치통감(資治通鑑)』이 있다.

ㅇ司 (맡을 사, 口 입 구 부수 3획)

맡다(司會者^{사회자}: 모임이나 회의 등에서 진행을 맡아보는 사람), 관아, 관청, 성씨.

ㅇ馬 (말 마, 馬 말 마 부수 0획)

말(동물 이름, 馬行處 牛亦去^{마행처 우역거}: 말 가는 데 소도 간다. 재주가 좀 부족하더라도 꾸준히 노력하면 일을 이룰 수 있음을 비유한 우리나라 속담이다, 駿馬^{준마}: 잘 달리는 좋은 말), 성씨.

【참고】 미수 허목 선생의 『기언(記言)』「범해록(泛海錄)」에 보면 경상도 창선(昌善, 지금의 남해군 창선면)에는 태복시(太僕寺)에서 감목(監牧)을 두어 말을 길렀는데 절따말(騂^성 털빛이 온통 붉은 말)과 가라말(驪^려 털빛이 검은 말), 아롱진 월따말(騮^류 털빛이 붉고 갈기가 검은 말)이 있었다고 한다. 산에 들어간 것에는 준마도 많았다고 한다.

ㅇ溫 (따뜻할 온, 水〈氵·氺〉 물 수 부수 10획)

따뜻하다, 따뜻하게 하다, 온화하다, 익히다, 복습하다(溫故而知新^{온고이지신}: 옛 것을 익혀서 새로운 것을 안다).

ㅇ公 (공평할 공, 八 여덟 팔 부수 2획)

공평하다, 공정하다, 성·시호·관작 밑에 붙여서 높이는 뜻을 나타낼 때(忠武公 李舜臣^{충무공 이순신}), 당신, 그대(公無渡河^{공무도하}: 그대여, 강을 건너지 마오).

【참고】 시호(諡號)는 생전의 학문과 덕행 그리고 공적에 의하여 정해졌다. 특히 시장(諡狀)의 작성자는 관직과 이름을 명확히 표기해야 하는데, 이는 내용의 객관성과 신빙성을 가늠하기 위해서였다. 이어서 작성한 시장을 예조(禮曹)에 제출하면 예조에서는 시호 후보 3개를 선정해서 이조(吏曹)에 보고하고, 이조는 관련 문서를 첨부해서 의정부(議政府)로 이관하였다. 마지막으로 의정부에서 왕의 재가를 받아 시호를 확정하였다.

公無渡河는 우리나라 문학사상 가장 오래된 시가 작품인 공무도하가(公無渡河歌)의 첫 부분이다. 고조선(古朝鮮) 때 백수광부(白首狂夫)의 아내가 부른 노래이지만 그 배경설화가 애틋해서 수천년 동안 중국 부녀자들 사이에서 널리 애창되었다.

○曰 (가로 왈, 曰 가로 왈 부수 0획)

말하다(曰可曰否^{왈가왈부}: 옳다 그르다하며 이러쿵저러쿵 말하다), 말씀하시다.

○積 (쌓을 적, 禾 벼 화 부수 11획)

쌓다(積小成大^{적소성대}: 작은 것을 쌓아 큰 것을 이룬다), 쌓이다(積雪^{적설}: 눈이 쌓이다).

○金 (쇠, 황금 금 / 성씨 김, 金 쇠 금 부수 0획)

쇠, 황금, 성씨.

【참고】 지명일 때는 '김' 또는 '금'으로 읽는다. 예) 金泉: 김천, 金溪里: 금계리.

○以 (써 이, 人〈亻〉 사람 인 부수 3획)

~으로써(재료·수단·방법), ~으로서(신분·자격), ~때문에(以其有五倫也^{이기유오륜야}: 그 오륜이 있기 때문이다), ~에(以十月祭天^{이십월제천}: 시월에 하늘에 제사지내다, 余以七月七日返^{여이칠월칠일반}: 나는 7월 7일에 돌아오겠다), 매우, 너무(陶以寡^{도이과}: 도자기가 너무 적다).

○遺 (남길 유, 辵〈辶·辶〉 책받침 부수 12획)

남기다, 남겨 놓다(遺産^{유산}: 남겨 놓은 재산), 버리다, 내버리다, 빠뜨리다, 누락하다, 잃다(遺失^{유실}: 잃어버리다).

○子 (아들 자, 子 아들 자 부수 0획)

아들, 자식(아들과 딸), 씨앗, 열매(結子^{결자}: 열매를 맺다), 옛날에 제자가 스승에 대해 쓰던 존칭어(孔子^{공자}, 孟子^{맹자}, 朱子^{주자}).

○孫 (손자 손, 子 아들 자 부수 7획)

손자, 자손, 후손.

○未 (아닐 미, 木 나무 목 부수 1획)

~아니다, ~못하다, 아직 ~하지 않다. 부정을 나타낸다.

○ 必 ^필 (반드시 필, 心〈忄·小〉 마음 심 부수 1획)

반드시(治國之道 必先富民^{치국지도 필선부민}: 나라를 다스리는 길은 반드시 먼저 백성을 잘 살게 해야 한다), 꼭.

○ 能 ^능 (능할 능, 肉〈月〉 고기 육 부수 6획)

~할 수 있다, 능히, 능력, 재주, 재능(無能無官^{무능무관}: 재능이 없으면 벼슬하지 못한다).

○ 盡 ^진 (다할 진, 皿 그릇 명 부수 9획)

다하다(盡力^{진력}: 있는 힘을 다하다, 不盡^{불진}: 다함이 없다, 끝이 없다), 다, 모두.

○ 守 ^수 (지킬 수, 宀 갓머리 부수 3획)

지키다(家傳忠孝 世守仁敬^{가전충효 세수인경}: 집안에는 충과 효를 전하고, 대대로 인과 경을 지켜라), 보호하다.

【참고】 공자(孔子)는 인(仁)을 인간이 추구해야 할 최고의 도덕으로 삼았다. 인의 핵심은 애인(愛人) 즉, 남을 사랑함이다. 경(敬)은 자기 스스로를 억제하는 힘이다. 생각을 흐트리지 않고 한 곳에 집중하여 외부의 사물에 끌려다니지 않게 하는 것을 말한다.

○ 書 ^서 (글 서, 日 가로 왈 부수 6획) ≒ (晝 낮 주 / 畫 그림 화)

글, 책, 편지(書札^{서찰}), 글씨(書藝^{서예}), 서경(書經: 중국에서 가장 오래된 역사서).

○ 讀 ^독 (읽을 독 / 이두, 구두 두, 言 말씀 언 부수 15획)

읽다, 이두, 구두.

【이두(吏讀)】 옛날 한자의 음과 뜻을 빌어서 우리나라 말을 표기하는 데 쓰던 문자이다. 예) 隱: 은, 는. 乙: 을, 를. 無去乙: 없거늘.

【구두(句讀)】 한문을 올바르게 해석하기 위하여 또 책을 편하게 읽기 위하여 구절과 구절 사이에 찍는 점을 말한다.

○ 不 ^불 (아닐 불, 一 한 일 부수 3획)

아니다, 아니하다, 않다, 못하다.

○ 如 (같을 여, 女 계집 녀 부수 3획)

같다, 만일 ~한다면(王如知此^{왕여지차}: 왕께서 만약 이 점을 아신다면), 가다(如日本^{여일본}: 일본에 가다).

○ 陰 (그늘 음, 阜〈阝〉 언덕 부 부수 8획)

그늘, 응달, 몰래, 세월(光陰^{광음}), 산의 북쪽이나 강의 남쪽(箕山之陰^{기산지음}: 기산의 북쪽).

【참고】 산의 남쪽이나 강의 북쪽은 양(陽)자로 나타낸다. 예) 泰山之陽(태산지양): 태산의 남쪽, 錦江之陽(금강지양): 금강의 북쪽.

○ 德 (덕 덕, 彳 두인변 부수 12획)

덕, 은덕, 덕스럽게 하다(立容必德^{입용필덕}: 서 있는 모습은 반드시 덕스럽게 한다).

○ 於 (어조사 어 / 탄식할 오, 方 모 방 부수 4획)

~에, ~에서(福生於淸儉^{복생어청검}: 복은 청렴과 검소함에서 생긴다), ~에게(勿施於人^{물시어인}: 남에게 시키지 말라), ~보다(靑出於藍而靑於藍^{청출어람이청어람}: 푸른색은 쪽빛에서 나왔으나 쪽빛보다 푸르다), 아!(於乎^{오호}: 아!, 오!).

【참고】 푸른색은 쪽빛에서 나왔으나 쪽빛보다 푸르다는 말은 제자가 스승보다 훌륭한 것을 비유한 말이다.

○ 冥 (어두울 명, 冖 민갓머리 부수 8획)

어둡다, 저승(冥福^{명복}: 죽은 뒤에 저승에서 받는 복).

○ 之 (갈 지, 丿 삐침 부수 3획)

가다(목적지가 반드시 있다, 之渤海^{지발해}: 발해로 가다), 그, 그것, 이, 이것, ~이, ~가, ~은(는), ~의, ~하는, ~한.

【참고】 渤海는 698년에 우리 민족(대조영이 이끄는 고구려 유민)이 주축이 되고 말갈족이 참여해서 세운 나라였다. 한때는 해동성국(海東盛國)이라 불릴 만큼 큰 나라로 성장하였지만, 거란의 침입으로 926년에 멸망하였다. 지금에 와서는 발해를 어느 민족의 역사인가를 두고 한·중·러·일 사이에 논쟁이 되고 있다. 우리와 일본은 고구려 계통의 역사로 보지만 중국이나 러시아는 말갈족의 역사라고 주장한다.

○ **中**[중] (가운데 중, 丨 뚫을 곤 부수 3획)

가운데, 한가운데, 맞다(言不中理[언불중리]: 말이 이치에 맞지 않다), 맞히다(不幸不中[불행불중]: [일본왕을] 불행히도 맞히지 못했다).

【참고】 '不幸不中'은 1932년 1월 8일, 이봉창 의사가 일본 동경에서 의거를 하자, 중국의 신문에서 큰 제목으로 실어 놓은 글이다.

○ **爲**[위] (할 위, 爪〈爫〉 손톱 조 부수 8획)

하다, 되다, 위하여(爲民[위민]: 백성을 위하여), ~때문에(親疎爲錢[친소위전]: 친한 사이가 멀어지는 것은 돈 때문이다).

○ **計**[계] (셀 계, 言 말씀 언 부수 2획)

세다, 꾀하다, 계획, 계책.

○ **也**[야] (이끼, 어조사 야, 乙〈乚〉 새 을 부수 2획)

~이다, 어조를 고르게 하거나 문의(文意)를 강조할 때(道也者[도야자]: 진리라는 것은, 孝弟也者[효제야자]: 효제라는 것은).

[어구풀이]

○ **積金以**[적금이] : 황금을 쌓아서. 여기서 以는 而와 같은 역할을 한다. '~하고, ~하여, ~하니'로 해석하면 된다.

○ **遺子孫**[유자손] : 자손에게 물려주다.

○ **未必**[미필]~ : 반드시 ~하는 것은 아니다. 부분부정을 나타낸다.

○ **能盡守**[능진수] : 다 지킬 수 있다.

○ **未必能盡守**[미필능진수] : 반드시 다 지킬 수 있는 것은 아니다.

○ **積書以**[적서이] : 책을 쌓아서. 여기서 以는 而와 같은 역할을 한다. '~하고, ~하여, ~하니'로 해석하면 된다.

○ **能盡讀**[능진독] : 다 읽을 수 있다.

○ **未必能盡讀**^{미필능진독} : 반드시 다 읽을 수 있는 것은 아니다.

○ **不如**^{불여}~ : ~만 못하다, 차라리 ~하는 게 낫다.

○ **陰德**^{음덕} : 진심어린 마음으로 남몰래 행하는 착한 일. 예로부터 음덕을 쌓으면 그 자손이 잘 된다고 한다.

○ **積陰德**^{적음덕} : 음덕을 쌓다.

○ **於冥冥之中**^{어명명지중} : 어둡고 어두운 가운데에, 보이지 않는 가운데에, 남이 모르게. 여기서 於는 '~에'의 뜻이다.

○ **以爲**^{이위}~ : ~으로 삼다.

○ **子孫之計也**^{자손지계야} : 자손을 위한 계책. 즉, 자손이 좋은 복을 누리면서 훌륭하게 되기를 바라는 계책을 말한다. 也는 문장이 끝남을 의미한다.

世宗大王 御筆

家傳忠孝
世守仁敬

조선 제4대 세종(世宗) 임금의 글씨

이 글씨에는 매우 소중한 의미가 담겨 있다. 강원도 관찰사를 지낸 일흔 살의 이정간(李貞幹, 1360년~1439년) 공은 향리에 은거하면서 아흔 여살의 어머니를 정성껏 봉양하였다. 이러한 소문을 들은 세종 임금께서는 이 여덟글자를 써서 내리시고, 이정간 공의 효행을 소중히 본받도록 하셨다.

은혜와 의리를 베풀어라

景行錄曰 恩義 廣施 人生何處不相逢
讐怨 莫結 路逢狹處 難回避

^경^행^록 ^왈 ^은^의 ^광^시 ^인
景行錄에 曰 恩義를 廣施하라 人

^생 ^하 ^처 ^불 ^상 ^봉 ^수 ^원 ^막 ^결
生何處不相逢이라 讐怨을 莫結

^로 ^봉 ^협 ^처 ^난 ^회 ^피
하라 路逢狹處면 難回避니라

『경행록(景行錄)』에 말하기를, "은혜와 의리를 널리 베풀어라. 사람이 살다가 어디에서든 서로 만나지 않으랴? 원수와 원한을 [결코] 맺지 말라. 길을 가다가 좁은 곳에서 만나면 회피하기가 어려우니라."하였다.

^경^행^록 ^왈 ^은^의 ^광^시 ^인
景行錄에 曰 恩義를 廣施하라 人

^생 ^하 ^처 ^불 ^상 ^봉 ^수 ^원 ^막 ^결
生何處不相逢이라 讐怨을 莫結

^로 ^봉 ^협 ^처 ^난 ^회 ^피
하라 路逢狹處면 難回避니라

○ **경행록(景行錄)**

중국 송나라 때 지어졌다는 책이다. 지금은 전해오지 않는다. 책의 이름처럼 '참된 진리를 향한 큰 행동(景行)'을 통하여 누구나 성현(聖賢)의 삶을 본받고 실천해야 함을 가르쳐 준 소중한 책이 아니었나 싶다.

[한자풀이]

○ 景 (볕 경, 日 날 일 부수 8획)

햇볕, 햇빛(景翳翳^{경예예}: 햇빛이 어둑어둑해지다, 暄景^{훤경}: 따뜻한 햇빛), 크다(景福^{경복}: 큰 복), 경치(四時之景^{사시지경}: 사계절〈봄, 여름, 가을, 겨울〉의 경치).

○ 行 (다닐 행 / 항렬 항, 行 다닐 행 부수 0획)

다니다, 가다, 행하다, 행실, 항렬, 줄.

【참고】항렬(行列)은 친족의 세대(世代) 관계를 나타내는 말인데, 요즘도 각 성씨마다 이름을 지을 때 항렬의 돌림자를 기준으로 해서 짓는다. 족보를 보면 각 성씨마다 항렬의 순서를 적어 놓았다.

○ 錄 (적을 록, 金 쇠 금 부수 8획)

적다, 기록하다, 베끼다.

○ 曰 (가로 왈, 曰 가로 왈 부수 0획)

말하다(曰可曰否^{왈가왈부}: 옳다 그르다하며 이러쿵저러쿵 말하다), 말씀하시다.

○ 恩 (은혜 은, 心〈忄·㣺〉 마음 심 부수 6획)

은혜(恩高如天^{은고여천}: 은혜는 높기가 하늘과 같다).

○ 義 (옳을 의, 羊〈⺶〉 양 양 부수 7획)

옳다, 의롭다, 올바름, 의로움, 의리.

○廣 (넓을 광, 广 엄호 부수 12획)

넓다(廣告^{광고}: 널리 알리다), 넓히다, 넓게 하다.

○施 (베풀 시, 方 모 방 부수 5획)

베풀다, 시키다(勿施於人^{물시어인}: 남에게 시키지 말라), 주다(施賞^{시상}: 상을 주다), 옮기다(實施^{실시}: 실행에 옮기다).

○人 (사람 인, 人〈亻〉 사람 인 부수 0획)

사람, 남, 다른 사람(我敬人親 人敬我親^{아경인친 인경아친}: 내가 다른 사람의 부모를 공경하면, 다른 사람도 내 부모를 공경한다), 사람대접하다(人其人^{인기인}: 그 사람을 사람대접하다).

○生 (날 생, 生 날 생 부수 0획)

나다, 태어나다, 낳다(父生我身 母鞠吾身^{부생아신 모국오신}: 아버지는 내 몸을 낳으시고, 어머니는 내 몸을 기르셨다), 살다(生存^{생존}: 살아 있다), 삶.

○何 (어찌 하, 人〈亻〉 사람 인 부수 5획)

어찌(彼丈夫也^{피장부야} 我丈夫也^{아장부야} 吾何畏彼哉^{오하외피재}: 그도 남자이고 나도 남자인데, 내가 어찌 그를 두려워하겠는가?), 어찌하여, 어느, 어디(牛何之^{우하지}: 소는 어디로 가느냐?), 무엇(民何安焉^{민하안언}: 백성은 무엇으로써 안정되는가?).

○處 (곳 처, 虍 범호밑 부수 5획)

곳, 살다, 거처하다, 일을 처리하다, 끝나다(處暑^{처서}: 더위가 끝나다).

【참고】處暑는 24절기의 하나이다. 이때부터 더위가 사그라지는데, '처서가 지나면 모기도 입이 비뚤어진다'는 속담처럼 극성스러웠던 모기나 파리도 자취를 감춰간다.

○不 (아닐 불, 一 한 일 부수 3획)

아니다, 아니하다, 않다, 못하다.

○相 (서로 상, 目 눈 목 부수 4획)

서로, ~를 돕다, 재상, 정승(相公^{상공}: 정승의 높임말, 得相^{득상}: 정승을 얻다), 관상(相逐心生^{상축심생}: 관상은 마음을 따라 생겨난다), 관상을 보다.

○逢 ^봉 (만날 봉, 辵⟨辶·辶⟩ 책받침 부수 7획)

만나다(山中也有千年樹 世上難逢百歲人^{산중야유천년수 세상난봉백세인}: 산속에는 그래도 천 년 묵은 나무가 있지만, 세상에는 백 년 산 사람을 만나기가 어렵다), 마주치다.

【참고】봉(逢)·우(遇)·조(遭)는 모두 '만나다'의 뜻이지만 미세한 차이가 있다. 봉(逢)은 일반적인 만남의 뜻이고, 우(遇)는 우연히 서로 만나다의 뜻으로 자주 사용하고, 조(遭)는 나쁜 일을 당했을 때 비교적 많이 사용한다.

○讐 ^수 (원수 수, 言 말씀 언 부수 16획)

원수, 원수지다.

○怨 ^원 (원망할 원, 心⟨忄·小⟩ 마음 심 부수 5획)

원망하다, 원망, 원한.

○莫 ^막 (없을, ~하지 말라 막 / 저물, 저녁 모, 艸⟨艹·䒑⟩ 초두 부수 7획)

없다(罪莫大於不孝^{죄막대어불효}: 죄가 불효보다 큰 것은 없다), 더할 수 없이(莫强^{막강}: 더할 수 없이 강하다), ~하지 말라(莫談他短^{막담타단}: 다른 사람의 단점을 말하지 말라), 저물다, 저녁.

○結 ^결 (맺을 결, 糸⟨糹⟩ 실 사 부수 6획)

맺다(結者解之^{결자해지}: 맺은 사람이 풀어야 한다. 일을 저지른 사람이 그 일을 해결해야 함을 비유한 우리나라 속담이다), 묶다(結草報恩^{결초보은}: 풀을 묶어서 은혜를 갚다. 중국 춘추시대의 일인데 아름다운 이야기가 있는 고사성어이다), 끝맺다(結論^{결론}: 끝맺는 말이나 글), 끝내다.

○路 ^로 (길 로, 足⟨⻊⟩ 발 족 부수 6획) = 道 (길 도)

길(道路^{도로}, 路上^{노상}: 길가).

○狹 ^협 (좁을 협, 犬⟨犭⟩ 개 견 부수 7획)

좁다(狹路^{협로}: 좁은 길), 좁아지다.

○難 ^난 (어려울 난, 隹 새 추 부수 11획)

어렵다(人間行路難^{인간행로난}: 인생살이는 힘들다. 사람이 살아가는 평생의 여정은 내내 어려운 길을 가는 것과 같음을 나타낸 말이다), 어려운 일, 비난하다, 나무라다.

○回^회 (돌 회, 口 큰 입 구 부수 3획)

　돌다(回轉^{회전}: 빙빙 돌다), 돌리다(回航^{회항}: 뱃길을 돌리다), 돌아오다.

○避^피 (피할 피, 辵〈辶·辶〉 책받침 부수 13획)

　피하다(避暑^{피서}: 더위를 피하다).

[어구풀이]

○ **景行錄曰**^{경행록왈} : 『경행록』에 쓰여 있다, 『경행록』에 말하였다. '曰' 앞에 인명이 아닌 책명이나 편명 등이 나올 때는 '쓰여 있다'는 뜻으로 생각하면 된다.

○ **恩義**^{은의} : 은혜와 의리.

○ **廣施**^{광시} : 널리 베풀다.

○ **人生**^{인생} : 사람이 살다가, 사람이 살면서, 인생에서.

○ **何處**^{하처} : 어느 곳에서, 어디에선가.

○ **相逢**^{상봉} : 서로 만나다.

○ **人生何處不相逢**^{인생하처불상봉} : 사람이 살다가 어느 곳에서 서로 만나지 않으랴? 이 구절은 『송명신언행록(宋名臣言行錄)』의 「구준편」이나 『현문(賢文)』 등에도 실려 있는 것으로 보아 옛사람들의 입에 많이 오르내리던 구절이 아닌가 싶다.

○ **讐怨**^{수원} : 원수와 원한.

○ **莫結**^{막결} : [결코] 맺지 말라. 여기서 莫은 勿과 같은 뜻으로 '[결코] ~하지 말라'는 금지를 나타낸다.

○ **路逢**^{로봉} : 길에서 만나다, 길을 가다가 만나다.

○ **狹處**^{협처} : 좁은 곳.

○ **回避**^{회피} : 돌아서 피하다, 회피하다.

○ **難回避**^{난회피} : 돌아서 피하기가 어렵다, 회피하기가 어렵다.

나의 마음이 곧 하늘의 마음이다

康節 邵先生曰 天聽 寂無音

蒼蒼何處尋 非高亦非遠 都只在人心

康^강節^절 邵^소先^선生^생이 曰^왈 天^천聽^청이 寂^적無^무

音^음하니 蒼^창蒼^창何^하處^처尋^심고 非^비高^고亦^역非^비

遠^원이라 都^도只^지在^재人^인心^심이니라

강절 소선생(康節 邵先生)이 말하기를, "하늘의 들으심이 고요하여 소리가 없으니 푸르고 푸른 어느 곳에서 찾을까? 높지도 않고 또한 멀지도 않다. 모두가 오직 사람의 마음속에 있느니라."하였다.

[문장쓰기]

康^강節^절 邵^소先^선生^생이 曰^왈 天^천聽^청이 寂^적無^무

音^음하니 蒼^창蒼^창何^하處^처尋^심고 非^비高^고亦^역非^비

遠^원이라 都^도只^지在^재人^인心^심이니라

[인물과 책명]

○ 강절 소선생(康節 邵先生, 1011년~1077년)

송(宋)나라 때의 유학자로 성은 소(邵), 이름은 옹(雍), 시호는 강절(康節)이다. 일생 동안 벼슬에 나아가지 않고 농사와 독서로 생활하였다. 저서에 『이천격양집(伊川擊壤集)』이 있다.

[한자풀이]

○康 ^강 (편안할 강, 广 엄호 부수 8획)

편안하다, 즐겁다, 튼튼하다(健康^{건강}: 몸이 튼튼하다).

○節 ^절 (마디 절, 竹 대 죽 부수 9획)

마디, 지조, 절개(節義^{절의}: 절개와 의리), 절약하다.

○邵 ^소 (고을 이름 소, 邑〈阝〉 고을 읍 부수 5획)

고을 이름, 성씨.

○先 ^선 (먼저 선, 儿 어진 사람 인 부수 4획)

먼저(先約^{선약}: 먼저 맺은 약속), 앞(先見之明^{선견지명}: 앞을 내다보는 밝음).

○生 ^생 (날 생, 生 날 생 부수 0획)

나다, 태어나다, 낳다(父生我身 母鞠吾身^{부생아신 모국오신}: 아버지는 내 몸을 낳으시고, 어머니는 내 몸을 기르셨다), 살다(生存^{생존}: 살아 있다), 삶.

○曰 ^왈 (가로 왈, 曰 가로 왈 부수 0획)

말하다(曰可曰否^{왈가왈부}: 옳다 그르다하며 이러쿵저러쿵 말하다), 말씀하시다.

○天 ^천 (하늘 천, 大 큰 대 부수 1획)

하늘(天地人^{천지인}: 하늘과 땅과 사람, 天下^{천하}: 하늘 아래 온 세상, 天子^{천자}: 하늘의 아들, 황제).

○ 聽^청 (들을 청, 耳 귀 이 부수 16획)

들다, 순종하다, 따르다(姑慈婦聽禮也^{고자부청례야}: 시어머니는 [며느리를] 예뻐하고, 며느리는 [시어머니의 말을] 잘 따르는 것이 예이다).

○ 寂^적 (고요할 적, 宀 갓머리 부수 8획)

고요하다, 쓸쓸하다(守道德者 寂寞一時 阿權勢者 凄凉萬古^{수도덕자 적막일시 아권세자 처량만고}: 도덕을 지키며 살아가는 사람은 한때 쓸쓸하고 외롭지만, 권세에 아부하는 사람은 영원히 불쌍하고 쓸쓸하다).

○ 無^무 (없을 무, 火〈灬〉 불 화 부수 8획)

없다, ~하지 말라(無敢自專^{무감자전}: 감히 스스로 제멋대로 하지 말라), ~해서는 안 된다.

○ 音^음 (소리 음, 音 소리 음 부수 9획)

소리(訓民正音^{훈민정음}: 백성을 가르치는 올바른 소리란 뜻의 우리나라 글자이자 또 그것을 해설한 책을 말한다).

○ 蒼^창 (푸를 창, 艸〈艹·䒑〉 초두 부수 10획)

푸르다(蒼蒼^{창창}: 나무가 푸르게 우거진 모양, 맑게 갠 하늘의 푸른 모양).

○ 何^하 (어찌 하, 人〈亻〉 사람 인 부수 5획)

어찌(彼丈夫也^{피장부야} 我丈夫也^{아장부야} 吾何畏彼哉^{오하외피재}: 그도 남자이고 나도 남자인데, 내가 어찌 그를 두려워하겠는가?), 어찌하여, 어느, 어디(牛何之^{우하지}: 소는 어디로 가느냐?), 무엇(民何安焉^{민하안언}: 백성은 무엇으로써 안정되는가?).

○ 處^처 (곳 처, 虍 범호밑 부수 5획)

곳, 살다, 거처하다, 일을 처리하다, 끝나다(處暑^{처서}: 더위가 끝나다).

【참고】 處暑는 24절기의 하나이다. 이때부터 더위가 사그라지는데, '처서가 지나면 모기도 입이 비뚤어진다'는 속담처럼 극성스러웠던 모기나 파리도 자취를 감춰간다.

○ 尋^심 (찾을 심, 寸 마디 촌 부수 9획)

찾다, 얼마 후에, 오래지 않아.

○非 (아닐 비, 非 아닐 비 부수 0획)

~이 아니다, 그르다, 옳지 아니하다(是非^{시비}: 어떤 일의 옳음과 그름).

○高 (높을 고, 高 높을 고 부수 0획)

높다(高峯^{고봉}: 높은 산봉우리), 고상하다, 고결하다.

○亦 (또 역, 亠 돼지해밑 부수 4획)

또, 또한, 역시.

○遠 (멀 원, 辵〈辶·辶〉 책받침 부수 10획) ↔ 近 (가까울 근)

멀다, 먼 곳, 선조(先祖, 웃대의 조상).

【참고】高祖(고조)-曾祖(증조)-祖(조)-父(부)-我(나)-子(자)-孫(손)-曾孫
(증손)-玄孫(현손). 高祖 이상을 대부분 '선조'라고 부른다.

○都 (도읍 도, 邑〈阝〉 고을 읍 부수 9획)

도읍, 서울, 나라(聖人之都^{성인지도}: 성인의 나라), 국가, 모두, 다, 전부.

○只 (다만 지, 口 입 구 부수 2획)

다만, 단지, 오직.

○在 (있을 재, 土 흙 토 부수 3획) ↔ 存 (있을 존)

있다, ~에 달려 있다(危在旦夕^{위재단석}: 위험이 아침 저녁에〈아주 짧은 순간에〉 달려
있다).

○人 (사람 인, 人〈亻〉 사람 인 부수 0획)

사람, 남, 다른 사람(我敬人親 人敬我親^{아경인친 인경아친}: 내가 다른 사람의 부모를 공
경하면, 다른 사람도 내 부모를 공경한다), 사람대접하다(人其人^{인기인}: 그 사람을 사
람대접하다).

○心 (마음 심, 心〈忄·㣺〉 마음 심 부수 0획)

마음(良心^{양심}: [사람으로서 마땅히 가져야 할] 바르고 착한 마음).

[어구풀이]

○ **康節 邵先生曰**^{강절 소선생왈} : 강절 소선생이 말하였다.

○ **天聽**^{천청} : 하늘이 듣다.

○ **寂無音**^{적무음} : 고요하여 소리가 없다.

○ **蒼蒼**^{창창} : 푸르고 푸르다. 蒼蒼은 보통 '나무가 푸르게 우거진 모양이나 맑게 갠 하늘의 푸른 모양'을 나타낸다.

○ **何處尋**^{하처심} : 어느 곳에서 찾을까?

○ **非高亦非遠**^{비고역비원} : 높지도 않고 또한 멀지도 않다.

○ **都只**^{도지} : 모두가 오직.

○ **在人心**^{재인심} : 사람의 마음 속에 있다.

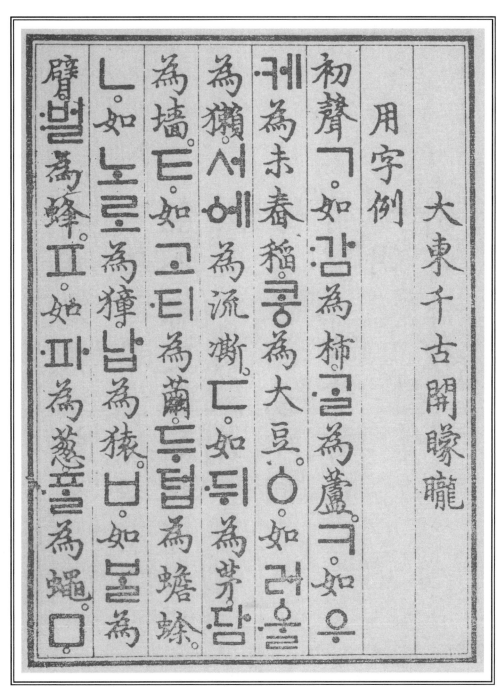

『훈민정음(訓民正音) 해례본』
(서울, 간송미술관 소장, 국보 제70호)

콩 심은 데 콩 나고,
팥 심은 데 팥 난다

明心寶鑑

種瓜得瓜 種豆得豆

天網 恢恢 疎而不漏

種^종瓜^과得^득瓜^과요　種^종豆^두得^득豆^두니　天^천網^망이

恢^회恢^회하여　疎^소而^이不^불漏^루니라

오이를 심으면 오이를 얻을 것이요 콩을 심으면 콩을 얻을 것이니, 하늘의 그물이 넓고 넓어서 성글지만 새지는 않느니라.

[문장쓰기]

種瓜得瓜요　種豆得豆니　天網이

恢恢하여　疎而不漏니라

○種 (심을 종, 禾 벼 화 부수 9획)

심다, 씨앗을 뿌리다(種作^{종작}: 씨앗을 뿌리고 농사를 짓다), 씨(種子^{종자}).

○瓜 (오이 과, 瓜 오이 과 부수 0획)

오이(瓜園^{과원}: 오이 밭).

【참고】瓜는 파자(破字)로 '열여섯 살'을 가리킨다. 한자를 풀어서 보면 '八(여덟 팔)'이 두 개가 들어 있기 때문이다. 파자란 한자의 자획을 나누거나 합쳐서 맞추는 수수께끼를 말한다. 한자 자형(字形)의 특수성으로 인해 이러한 놀이가 만들어진 것이다.

○得 (얻을 득, 彳 두인변 부수 8획) ↔ 失 (잃을 실)

얻다, 이익, 이득, ～할 수 있다(得忍且忍^{득인차인}: 참을 수 있으면 또 참아라).

○豆 (콩 두, 豆 콩 두 부수 0획)

콩(大豆^{대두}: 큰 콩, 豆滿江^{두만강}: 두만강. 콩을 실은 배가 가득하다는 뜻에서 생겨난 이름이다).

【참고】세계 농림학자들의 견해에 따르면 콩의 원산지는 우리나라 두만강 하류 유역에서 연해주 일대였다고 한다. 검은콩, 오해와디콩, 누른콩, 온되콩, 불콩, 잘외콩, 왁대콩, 유월콩 등의 이름이 조선 초기 문신인 사숙재 강희맹(姜希孟 1424년~1483년)이 지은 농서(農書)『금양잡록(衿陽雜錄)』에 보인다. 콩의 종류도 아주 많았음을 알 수 있다.

○天 (하늘 천, 大 큰 대 부수 1획)

하늘(天地人^{천지인}: 하늘과 사람과 땅, 天下^{천하}: 하늘 아래 온 세상, 天子^{천자}: 하늘의 아들, 황제).

○網 (그물 망, 糸〈糹〉실 사 부수 8획) ≒ 綱 (벼리 강)

그물(禍網^{화망}: 화의 그물, 재앙의 그물), 그물질하다.

○ 恢 (넓을 회, 心〈忄·㣺〉 마음 심 부수 6획)

　　넓다, 넓어지다, 돌이키다, 돌아오다(恢復^{회복}: [건강이나 경제적인 상황이 이전 상태로] 돌아오다).

○ 疎 (성글 소, 疋 짝 필 부수 7획)

　　성글다(공간적으로 사이가 뜨다), 엉성하다, 멀어지다.

　　【참고】 疎와 疏(소)는 동일어(同一語) 이체자(異體字)이다. 즉 같은 글자이다.

○ 而 (말 이을 이, 而 말 이을 이 부수 0획)

　　~하고, ~하며, ~하되, ~하지만, 너, 그대(余而祖也^{여이조야}: 나는 그대의 조상이다).

○ 不 (아닐 불, 一 한 일 부수 3획)

　　아니다, 아니하다, 않다, 못하다.

○ 漏 (샐 루, 水〈氵·氺〉 물 수 부수 11획)

　　새다(漏水^{누수}: 물이 새다, 새어 내리는 물. 漏言^{누언}: 말이 새어 나가다, 새어 나가는 말).

[어구풀이]

○ 種瓜^{종과} : 오이를 심다.

○ 得瓜^{득과} : 오이를 얻다, 오이를 거두다.

○ 種豆^{종두} : 콩을 심다.

○ 得豆^{득두} : 콩을 얻다, 콩을 거두다.

○ 天網^{천망} : 하늘의 그물, 하늘의 그물코.

○ 恢恢^{회회} : 넓고 넓다, 넓고 크다.

○ 疎而^{소이} : 성글지만, 엉성하지만. 而는 '~하되, ~하지만, ~하여도'로 해석하면 된다.

○ 不漏^{불루} : 새지 않다, 새거나 빠뜨리지 않다.

부모를 섬기는 데 다섯 가지 도리가 있다

明心寶鑑

子曰 孝子之事親也 居則致其敬
養則致其樂 病則致其憂 喪則致其哀
祭則致其嚴

子曰 孝子之事親也에 居則致
其敬하고 養則致其樂하고 病則
致其憂하고 喪則致其哀하고 祭
則致其嚴이니라

공자(孔子)께서 말씀하시기를, "효자가 어버이를 섬김에 집에 계실 때에는 그 공경함을 다하고, 봉양할 때에는 그 즐거움을 다하고, 병환이 있을 때는 그 근심을 다하고, 돌아가실 때는 그 슬픔을 다하고, 제사를 지낼 때는 그 엄숙함을 다해야 하느니라."하셨다.

子曰 孝子之事親也에 居則致
자왈 효자지사친야   거즉치

其敬하고 養則致其樂하고 病則
기경   양즉치기락   병즉

致其憂하고 喪則致其衰하고 祭
치기우   상즉치기애   제

則致其嚴이니라
즉치기엄

○ 공자(孔子, 기원전 551년~479년)

유교(儒敎)의 정립자이며 인류 역사의 3대 성인(聖人) 가운데 한 분이시다. 이름은 구(丘), 자는 중니(仲尼)이다. 유교의 대표 경전이며 인류의 영원한 베스트셀러인 『논어(論語)』는 공자가 세상을 떠난 뒤에 제자들이 그의 언행을 소중히 모아 엮은 책이다.

[한자풀이]

○子 (아들 자, 子 아들 자 부수 0획)

    아들, 자식(아들과 딸), 씨앗, 열매(結子^{결자}: 열매를 맺다), 옛날에 제자가 스승에 대해 쓰던 존칭어(孔子^{공자}, 孟子^{맹자}, 朱子^{주자}).

○曰 (가로 왈, 曰 가로 왈 부수 0획)

    말하다(曰可曰否^{왈가왈부}: 옳다 그르다하며 이러쿵저러쿵 말하다), 말씀하시다.

○孝 (효도 효, 子 아들 자 부수 4획)

    효도, 효도하다(父慈子孝^{부자자효}: 부모는 [자식을] 사랑하고, 자식은 [부모에게] 효도해야 한다).

○之 (갈 지, ノ 삐침 부수 3획)

    가다(목적지가 반드시 있다, 之渤海^{지발해}: 발해로 가다), 그, 그것, 이, 이것, ～이, ～가, ～은(는), ～의, ～하는, ～한.

    【참고】渤海는 698년에 우리 민족(대조영이 이끄는 고구려 유민)이 주축이 되고 말갈족이 참여해서 세운 나라였다. 한때는 해동성국(海東盛國)이라 불릴 만큼 큰 나라로 성장하였지만, 거란의 침입으로 926년에 멸망하였다. 지금에 와서는 발해를 어느 민족의 역사인가를 두고 한·중·러·일 사이에 논쟁이 되고 있다. 우리와 일본은 고구려 계통의 역사로 보지만 중국이나 러시아는 말갈족의 역사라고 주장한다.

○事 (일 사, 亅 갈고리 궐 부수 7획)

    일, 섬기다(事親以孝^{사친이효}: 어버이를 효로써 섬긴다).

○親 (친할 친, 見 볼 견 부수 9획)

    친하다, 사이좋게 지내다, 친함, 어버이, 부모.

○也 (이끼, 어조사 야, 乙〈乚〉새 을 부수 2획)

    ～이다, 어조를 고르게 하거나 문의(文意)를 강조할 때(道也者^{도야자}: 진리라는 것은, 孝弟也者^{효제야자}: 효제라는 것은).

○居 (살 거, 尸 주검 시 부수 5획)

살다, 거주하다, 거처하다, 집에 있다, 평상시, 보통 때.

【참고】居와 住(머무를 주)는 의미상 차이가 있다. 居는 정착하여 산다는 것을 가리키는 경우가 많고, 住는 잠시 머무는 것을 나타낸다.

○則 (곧 즉 / 법, 본받을 칙, 刀〈刂〉 칼 도 부수 7획)

곧, ~하면(務貪則憂^{무탐즉우}: 탐내는 일에 힘쓰면 근심이 생길 것이다), 법(法則^{법칙}: 지켜야 할 법), 본받다(效則^{효칙}: 본받아서 모범으로 삼다).

○致 (이를 치, 至 이를 지 부수 4획)

이르다, 끝까지 다하다, 지극히 하다, 돌려주다, 내놓다(致爲臣而去^{치위신이거}: 신하됨을 내놓고 떠나가다).

○其 (그 기, 八 여덟 팔 부수 6획)

그(其他^{기타}: 그 밖에 다른 것), 장차, 아마(知我者 其天乎^{지아자 기천호}: 나를 알아주는 것은 아마 하늘일 것이다).

【참고】其^기~乎^호: 아마 ~일 것이다. 또한 其는 문장에서 사람이나 사물을 대신하는 경우가 있다. 鳥之將死 其鳴也哀^{조지장사 기명야애} 人之將死 其言也善^{인지장사 기언야선}: 새가 장차 죽으려 할 때 그(새)가 우는 것이 슬프고, 사람이 장차 죽으려 할 때 그(사람)가 말하는 것이 착하다.

○敬 (공경할 경, 攴〈攵〉 등글월 문 부수 9획)

공경하다, 공경, 경건하게 하다(事必思敬^{사필사경}: 일은 반드시 경건하게 할 것을 생각한다).

【참고】敬과 恭(공손할 공)은 모두 공경하여 예모(禮貌)를 갖추는 것을 뜻하지만, 敬은 마음 속에 나타나는 것이고, 恭은 존경하는 태도가 밖으로 드러나는 것이다.

○養 (기를 양, 食〈食·飠·𩙿〉 밥 식 부수 6획)

기르다, 봉양하다(받들어 모시다).

○樂 (즐거울 락 / 풍류, 음악, 풍악 악 / 좋아하다 요, 木 나무 목 부수 11획)

즐겁다(知足可樂^{지족가락}: 만족함을 알면 가히 즐거울 것이다), 풍류, 음악, 풍악(風樂: 종·북·피리·퉁소 등의 총칭), 좋아하다(知者樂水 仁者樂山^{지자요수 인자요산}: 지혜로운 사람은 물을 좋아하고, 어진 사람은 산을 좋아한다).

【참고】 知者樂水 仁者樂山에서 知者와 仁者는 모두 군자(君子)를 뜻한다. 군자는 지혜롭고 어질기 때문이다. 따라서 이 구절은 '군자는 본질을 굳게 지키고 변하는 현상에 대해서는 슬기롭게 대처한다'는 의미를 함축한다.

○病 (병 병, 疒 병질엄 부수 5획) = 疾 (병 질)

병, 질병, 병환, 병이 위중하다, 병이 위독하다.

【참고】 病과 疾(병 질)은 모두 '병'을 뜻하지만, '병'의 정도가 더 심한 경우에는 病을 쓴다. 『논어』에 나오는 '子疾病(자질병)'이란 구절은 '공자(孔子)의 병환이 위중하시다'란 뜻으로 해석하는 것이 좋다.

○憂 (근심할 우, 心〈忄·㣺〉 마음 심 부수 11획)

근심하다, 걱정하다, 근심, 걱정.

○喪 (죽을 상, 口 입 구 부수 9획)

[사람이] 죽다, 복을 입다, 상제 노릇을 하다, 망하다(天喪予^{천상여}: 하늘이 나를 망하게 하는구나! 어쩔 수 없는 운명이란 뜻이다).

○哀 (슬퍼할 애, 口 입 구 부수 6획)

슬프다, 슬퍼하다, 슬픔.

○祭 (제사 제, 示〈礻〉 보일 시 부수 6획)

제사, 제사지내다(祭天^{제천}: 하늘에 제사지내다).

○嚴 (엄할 엄, 口 입 구 부수 17획)

엄하다, 엄숙하다, 심하다, 혹독하다(嚴冬^{엄동}: 혹독하게 추운 겨울).

[어구풀이]

- **子曰**^{자왈} : 공자(孔子)께서 말씀하셨다. 여기서 子는 공자를 가리킨다. 스승에 대한 존칭의 뜻으로 사용하였다.

- **孝子之**^{효자지} : 효자가. 여기서 之는 '가'의 뜻이다.

- **事親**^{사친} : 부모를 섬기다.

- **也**^야 : 어조를 고르게 하면서 문의(文意)를 강조한다.

- **居則**^{거즉} : 거처할 때에는, 집에 계실 때에는.

- **致其敬**^{치기경} : 그 공경을 다하다. 공경스러운 태도로 부모를 모셔야 한다는 뜻이다.

- **養則**^{양즉} : 봉양할 때.

- **致其樂**^{치기락} : 그 즐거움을 다하다. 부모의 뜻을 헤아려서 즐거움을 극진히 해 드려야 한다는 뜻이다.

- **病則**^{병즉} : 병환이 있을 때, 몸이 편찮을 때.

- **致其憂**^{치기우} : 그 근심을 다하다. 마음을 정성스럽게 가지고 정성을 다해 부모를 보살피고 간호해야 한다는 뜻이다.

- **喪則**^{상즉} : 돌아가실 때에는.

- **致其哀**^{치기애} : 그 슬픔을 다하다. 상례의 형식적인 절차보다는 진정어린 마음으로 슬퍼해야 한다는 뜻이다.

- **祭則**^{제즉} : 제사지낼 때.

- **致其嚴**^{치기엄} : 그 엄숙함을 다하다. 차분하고 경건한 마음으로 제사를 정성껏 지내야 한다는 뜻이다.

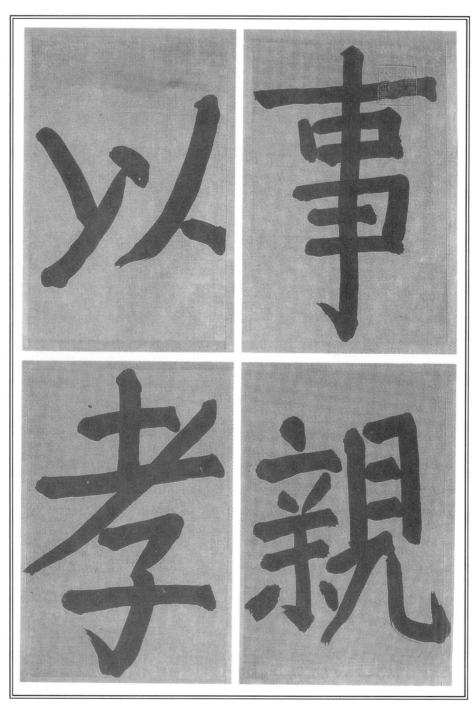

조선 제22대 정조(正祖) 임금의 어린 시절 글씨
(서울, 국립 중앙도서관 소장)

나의 참 스승은 누구인가?

道吾善者 是吾賊 道吾惡者 是吾師

道^도吾^오善^선者^자는 是^시吾^오賊^적이요 道^도吾^오惡^악

者^자는 是^시吾^오師^사니라

나의 착한 점을 말해주는 사람은 나의 적이요, 나의 나쁜 점을 말해주는 사람이 [곧] 나의
스승이니라.

[문장쓰기]

道^도吾^오善^선者^자는 是^시吾^오賊^적이요 道^도吾^오惡^악

者^자는 是^시吾^오師^사니라

[한자풀이]

○ 道 (길 도, 辵 〈辶·辶〉 책받침 부수 9획) = 路 (길 로)

길, 도리, 방법, 말하다, 다스리다, 우리나라 행정구역(慶尙南道^{경상남도}).

○ 吾 (나 오, 口 입 구 부수 4획) = (我 나 아 / 余 나 여 / 予 나 여)

나, 나의, 내(吾鼻三尺^{오비삼척}: 내 코가 석 자. 내 일도 감당못해서 남을 도울 여유가 없음을 비유한 우리나라 속담이다).

○ 善 (착할 선, 口 입 구 부수 9획)

착하다, 착한 일, 잘하다(善語者^{선어자}: 말을 잘하는 사람, 善學者^{선학자}: 배우기를 잘하는 사람), 잘(善用^{선용}: 잘 사용하다, 善畫花果^{선화화과}: 꽃과 과일을 잘 그리다).

○ 者 (놈 자, 老 〈耂〉 늙을 로 부수 5획)

사람, 이, ~라는 것은(天者^{천자}: 하늘이라는 것은, 地者^{지자}: 땅이라는 것은), ~에(昔者^{석자}: 옛날에, 近者^{근자}: 요즘에).

○ 是 (이 시, 日 날 일 부수 5획)

이, 이것, 옳다(是非^{시비}: 어떤 일의 옳음과 그름), ~이다, 구절을 강조하기 위해 도치를 시킬 때(寸陰是競^{촌음시경}: [인생의] 아주 짧은 시간을 아끼어라).

○ 賊 (도적 적, 貝 조개 패 부수 6획) = 盜 (도적 도)

도적, 도둑(針賊 大牛賊^{침적 대우적}: 바늘 도둑이 큰 소 도둑된다. 작은 잘못을 저지른 사람이 나중에 더 큰 잘못을 저지를 수 있음을 비유한 우리나라 속담이다), 해치다.

○ 惡 (나쁠, 모질 악 / 미워할 오, 心 〈忄·小〉 마음 심 부수 8획)

나쁘다, 모질다, 나쁜 일, 악한 일, 미워하다(憎惡^{증오}: 몹시 미워하다).

○ 師 (스승 사, 巾 수건 건 부수 7획) ≒ 帥 (거느릴 솔 / 장수 수)

스승, 스승으로 섬기다(吾從而師之^{오종이사지}: 나는 그를 좇아서 스승으로 섬길 것이다).

- **吾善**^{오선} : 나의 착한 점, 나의 좋은 점.

- **吾賊**^{오적} : 나의 적. 나를 그르치는 사람을 뜻한다.

- **是吾賊**^{시오적} : [곧] 나의 적이다. 여기서 是는 '[곧] ~이다'의 뜻이다.

- **吾惡**^{오악} : 나의 나쁜 점, 나의 악한 점.

- **吾師**^{오사} : 나의 스승. 나를 일깨워주는 사람을 뜻한다.

- **是吾師**^{시오사} : [곧] 나의 스승이다. 여기서 是는 '[곧] ~이다'의 뜻이다.

[보충설명]

옛사람들의 공부는 마음을 바르게 하는 것에 지나지 않았다. 마음을 바르게 하지 못하는 말이나 행동을 했을 때 성심껏 지적해 주는 사람이 있다면 이는 곧 나를 일깨워주는 스승이다. 지금도 마찬가지다. 학문이든 예술이든 그것은 둘째로 놔두고 먼저 올바른 사람부터 되어야 한다. 그러기 위해서는 마음부터 바르게 가져야 한다. 학봉 김성일(퇴계 이황 선생의 제자) 선생은 이 글귀를 평생토록 간직하며 마음속에 되새긴 분으로 유명하시다.

요사이 추위에 모두들 어찌 계신지 가장 염려하네. 나는 산음 고을
에 와서 몸은 무사히 있으나, 봄이 이르면 도적이 대항할 것이니
어찌할 줄 모르겠네. 또 직산 있던 옷은 다 왔으니 추위하고 있는
가 염려 마오. 장모 뫼시옵고 설 잘 쇠시오. 자식들에게 편지 쓰지
못하였네. 잘들 있으라 하오. 감사라 하여도 음식을 가까스로 먹고
다니니 아무 것도 보내지 못하오. 살아서 서로 다시 보면 그때나
나을까 모르지만 기필 못하네. 그리워하지 말고 편안히 계시오. 끝
없이 이만. 설달 스무나흗날.

학봉 김성일(金誠一) 선생이 부인 권씨에게 보낸 한글 편지(1592년)
(안동, 학봉 선생 종택 소장)

이 편지를 보낸 넉 달 뒤에, 선생은 임진왜란 와중의 진주성(晉州城) 공관에서 삶을 마치신다.

혈기와 여색과 분외의 이익을 조심하여라

明心寶鑑

子曰　君子有三戒　少之時　血氣未定

戒之在色　及其壯也　血氣方剛　戒之在鬪

及其老也　血氣旣衰　戒之在得

子曰 君子有三戒하니 少之時엔

血氣未定이라 戒之在色하고 及

其壯也하여는 血氣方剛이라 戒之

在鬪하고 及其老也하여는 血氣旣

衰라 戒之在得이니라

공자(孔子)께서 말씀하시기를, "군자가 세 가지 경계할 것이 있으니, 젊을 때는 혈기가 정해
지지 않은지라 경계할 것이 여색에 있고, 장성함에 이르러서는 혈기가 바야흐로 굳센지라
경계할 것이 싸움에 있고, 늙음에 이르러서는 혈기가 이미 쇠약한지라 경계할 것이 [분수를
넘어선 지나친] 이익을 얻으려는 데 있느니라."하셨다.

子曰 君子有三戒하니 少之時엔

血氣未定이라 戒之在色하고 及

其壯也하여는 血氣方剛이라 戒之

在鬪하고 及其老也하여는 血氣旣

衰라 戒之在得이니라

[인물과 책명]

○ **공자(孔子, 기원전 551년~479년)**

유교(儒教)의 정립자이며 인류 역사의 3대 성인(聖人) 가운데 한 분이시다. 이름은 구(丘), 자는 중니(仲尼)이다. 유교의 대표 경전이며 인류의 영원한 베스트셀러인 『논어(論語)』는 공자가 세상을 떠난 뒤에 제자들이 그의 언행을 소중히 모아 엮은 책이다.

○子 (아들 자, 子 아들 자 부수 0획)

아들, 자식(아들과 딸), 씨앗, 열매(結子결자: 열매를 맺다), 옛날에 제자가 스승에 대해 쓰던 존칭어(孔子공자, 孟子맹자, 朱子주자).

○曰 (가로 왈, 曰 가로 왈 부수 0획)

말하다(曰可曰否왈가왈부: 옳다 그르다하며 이러쿵저러쿵 말하다), 말씀하시다.

○君 (임금 군, 口 입 구 부수 4획)

임금, 남편(郞君낭군: 젊은 아내가 자기 남편을 부르는 말), 그대, 당신(觀君顔色 非常人관군안색 비상인: 그대의 안색을 보니 보통 사람이 아니다).

○有 (있을 유, 月 달 월 부수 2획)

있다, 어떤(특별히 가리키는 대상은 없다, 有民兄弟유민형제: 어떤 백성의 형제), 다시, 또(終則有始 天行也종즉유시 천행야: 끝나면 또 시작하는 것이 하늘의 운행이다), 문장의 어조를 고르게 할 때.

○三 (석 삼, 一 한 일 부수 2획)

셋, 세 번, 세 가지(君子有三樂군자유삼락: 군자는 세 가지 즐거움이 있다).

【참고】군자의 세 가지 즐거움은 부모가 모두 살아 계시고 형제들이 아무런 사고가 없는 것, 우러러 하늘에 부끄러움이 없고 아래로 남들에게 부끄러움이 없는 것, 천하의 인재를 얻어 그들을 가르치는 것을 말한다.

○戒 (경계할 계, 戈 창 과 부수 3획)

경계하다, 주의하다, 조심하다, 경계, 주의, 조심.

○少 (적을 소, 小 작을 소 부수 1획) ≒ 小 (작을 소)

적다, 젊다, 젊은이.

○之 (갈 지, 丿 삐침 부수 3획)

가다(목적지가 반드시 있다, 之渤海지발해: 발해로 가다), 그, 그것, 이, 이것, ～이,

~가, ~은(는), ~의, ~하는, ~한.

【참고】 渤海는 698년에 우리 민족(대조영이 이끄는 고구려 유민)이 주축이 되고 말 갈족이 참여해서 세운 나라였다. 한때는 해동성국(海東盛國)이라 불릴 만큼 큰 나라로 성장하였지만, 거란의 침입으로 926년에 멸망하였다. 지금에 와서는 발해를 어느 민족의 역사인가를 두고 한·중·러·일 사이에 논쟁이 되고 있다. 우리와 일본은 고구려 계통의 역사로 보지만 중국이나 러시아는 말갈족의 역사라고 주장한다.

○時 (때 시, 日 날 일 부수 6획)

때, 제 때에, 때맞추어(時雨^{시우}: 때맞추어 오는 비, 時習^{시습}: 제 때에 익히다), 계절(四時^{사시}: [봄, 여름, 가을, 겨울의] 사계절).

○血 (피 혈, 血 피 혈 부수 0획)

피(血眼^{혈안}: 핏발이 선 눈. 기를 쓰고 달려들어 독이 오른 눈을 뜻한다. 血痕^{혈흔}: 피를 묻히거나 흘린 흔적, 핏자국).

【참고】 訪善竹橋 圃隱先生血痕 至今宛然 猝然當之 不覺悚然 起敬^{방선죽교 포은선생혈은 지금완연 졸연당지 불각송연 기경}: 선죽교를 찾아보니 포은 [정몽주] 선생의 핏자국이 아직도 완연하였다. 갑자기 그것을 마주하니 [나도 모르게] 두려운 마음이 들어 일어나 예를 표하였다.

1822년 평안도로 파견된 암행어사 탑서 박래겸의 『서수일기(西繡日記)』에 나오는 내용이다. 세월이 흘러도 조선 선비들의 포은 정몽주 선생에 대한 변함없는 충절의 마음을 알 수 있는 소중한 글이다.

○氣 (기운 기, 气 기운 기 부수 6획)

기운, 기색, 기개(어떤 어려움에도 굽히지 않는 씩씩하고 강한 의지), 기세.

○未 (아닐 미, 木 나무 목 부수 1획)

~아니다, ~못하다, 아직 ~하지 않다. 부정을 나타낸다.

○定 (정할 정, 宀 갓머리 부수 5획)

정하다(決定^{결정}: 가려서 정하다), 준비하다(昏定晨省^{혼정신성}: 저녁엔 [잠자리를] 준비해 드리고, 새벽엔 [문안을 드리면서] 살핀다), 안정되다(性定菜羹香^{성정채갱향}: 성품이 안정되면 나물국도 향기롭다).

○**在** ^재 (있을 재, 土 흙 토 부수 3획) = 存 (있을 존)

있다, ~에 달려 있다(危在므夕^{위재단석}: 위험이 아침 저녁에 <아주 짧은 순간에> 달려 있다).

○**色** ^색 (빛 색, 色 빛 색 부수 0획)

빛, 빛깔, 얼굴빛, 여색(女色: 남자가 여자를 육체적인 욕망의 대상으로 생각하고 이끌리는 것), 남녀간의 정욕.

○**及** ^급 (미칠 급, 又 또 우 부수 2획) ≒ 乃 (이에, 바로 내)

미치다, 이르다, ~와(과)(予及汝^{여급여}: 나와 너), 및(高句麗及百濟新羅^{고구려급백제신라}: 고구려 및 백제, 신라).

○**其** ^기 (그 기, 八 여덟 팔 부수 6획)

그(其他^{기타}: 그 밖에 다른 것), 장차, 아마(知我者 其天乎^{지아자 기천호}: 나를 알아주는 것은 아마 하늘일 것이다).

【참고】其^기~乎^호: 아마 ~일 것이다. 또한 其는 문장에서 사람이나 사물을 대신하는 경우가 있다. 鳥之將死 其鳴也哀^{조지장사 기명야애} 人之將死 其言也善^{인지장사 기언야선}: 새가 장차 죽으려 할 때 그(새)가 우는 것이 슬프고, 사람이 장차 죽으려 할 때 그(사람)가 말하는 것이 착하다.

○**壯** ^장 (씩씩할 장, 士 선비 사 부수 4획)

씩씩하다, 장하다(기상이 훌륭하다, 매우 갸륵하다), 젊다, 장성하다(壯者^{장자}: 장성한 사람).

○**也** ^야 (이끼, 어조사 야, 乙〈乚〉새 을 부수 2획)

~이다, 어조를 고르게 하거나 문의(文意)를 강조할 때(道也者^{도야자}: 진리라는 것은, 孝弟也者^{효제야자}: 효제라는 것은).

○**方** ^방 (모 방, 方 모 방 부수 0획)

모, 모서리, 방향, 일정한 장소, 방법, 바야흐로, 비로소(方可謂之人矣^{방가위지인의}: 비로소 사람이라 말할 수 있다), 막, 마침(孟母方績^{맹모방적}: 맹자의 어머니가 마침 베를 짜고 있었다).

○ 剛 (굳셀 강, 刀〈刂〉칼 도 부수 8획)

　　굳세다, 꼿꼿하다(剛直^{강직}: 마음이 꼿꼿하고 곧다).

○ 鬪 (싸울 투, 鬥 싸울 투 부수 10획)

　　싸우다(爲國鬪爭^{위국투쟁}: 나라를 위하여 싸우자!), 싸움.

○ 老 (늙을 로, 老〈耂〉늙을 로 부수 0획)

　　늙다, 늙은 부모, 늙은 부모로서 섬기다(老吾老^{로오로}: 내 집의 늙은 부모를 늙은 부모로서 섬기다), 늙은이.

○ 旣 (이미 기, 无 없을 무 부수 7획)

　　이미(旣往之事^{기왕지사}: 이미 지나간 일).

○ 衰 (쇠할 쇠, 衣〈衤〉옷 의 부수 4획)

　　쇠하다, 약해지다(衰弱^{쇠약}: 몸이 쇠하고 약해지다).

○ 得 (얻을 덕, 彳 두인변 부수 8획) ↔ 失 (잃을 실)

　　얻다, 이익, 이득, ～할 수 있다(得忍且忍^{득인차인}: 참을 수 있으면 또 참아라).

[어구풀이]

○ 子曰^{자왈} : 공자(孔子)께서 말씀하셨다. 여기서 子는 공자를 가리킨다. 스승에 대한 존칭의 뜻으로 사용하였다.

○ 君子^{군자} : 심성(心性)이 어질고 학문과 덕행(德行)이 높은 사람. ↔ 小人(소인) : 심성이 올바르지 못하고 언행이 일치하지 않는 사람.

○ 三戒^{삼계} : 세 가지 경계할 것.

○ 少之時^{소지시} : 젊음의 시절, 젊을 때. 여기서 之는 '～의'의 뜻이다.

○ 血氣^{혈기} : 혈기. 체력이나 기상 등을 함께 이르는 말이다.

○ 未定^{미정} : 정해지지 않다, 안정되지 못하다.

○ **戒之**^{계지} : 경계할 것이. 여기서 之는 '이'의 뜻이다.

○ **在色**^{재색} : 여색에 있다. 여색(女色)이란 남자가 여자를 육체적인 욕망의 대상으로 생각하고 이끌리는 것을 말한다.

○ **及**^급~ : ~함에 이르러.

○ **及其壯也**^{급기장야} : 그가 장성함에 이르러. 其는 군자를 가리키고, 也는 어조를 고르게 하면서 문의(文意)를 강조한다.

○ **方剛**^{방강} : 바야흐로 굳세다.

○ **在鬪**^{재투} : 싸움에 있다.

○ **及其老也**^{급기로야} : 그가 늙음에 이르러. 其는 군자를 가리키고, 也는 어조를 고르게 하면서 문의(文意)를 강조한다.

○ **旣衰**^{기쇠} : 이미 쇠약하다.

○ **在得**^{재득} : [분수를 넘어서는 지나친] 이익에 있다. 여기서 [분수를 넘어서는 지나친] 이익이란 대개 돈과 권력과 명예로 나타난다. 마침내는 욕됨이 따르고 화를 부를 수 있다.

사심없이 공평하게 세상을 보아라

子曰 衆 好之 必察焉 衆 惡之 必察焉

자 왈　　증　　호 지　　　필 찰 언
子曰　衆이　好之라도　必察焉하며

증　　오 지　　　필 찰 언
衆이　惡之라도　必察焉이니라

공자(孔子)께서 말씀하시기를, "여러 사람이 좋아하더라도 반드시 잘 살펴보고, 여러 사람이 싫어하더라도 반드시 잘 살펴보아야 하느니라."하셨다.

[문장쓰기]

자 왈　　증　　호 지　　　필 찰 언
子曰　衆이　好之라도　必察焉하며

증　　오 지　　　필 찰 언
衆이　惡之라도　必察焉이니라

○ 공자(孔子, 기원전 551년~479년)

유교(儒教)의 정립자이며 인류 역사의 3대 성인(聖人) 가운데 한 분이시다. 이름은 구(丘), 자는 중니(仲尼)이다. 유교의 대표 경전이며 인류의 영원한 베스트셀러인『논어(論語)』는 공자가 세상을 떠난 뒤에 제자들이 그의 언행을 소중히 모아 엮은 책이다.

[한자풀이]

○子 (아들 자, 子 아들 자 부수 0획)

아들, 자식(아들과 딸), 씨앗, 열매(結子결자: 열매를 맺다), 옛날에 제자가 스승에 대해 쓰던 존칭어(孔子공자, 孟子맹자, 朱子주자).

○曰 (가로 왈, 曰 가로 왈 부수 0획)

말하다(曰可曰否왈가왈부: 옳다 그르다하며 이러쿵저러쿵 말하다), 말씀하시다.

○衆 (무리 중, 血 피 혈 부수 6획)

무리, 여러 사람, 많은 사람, 많다.

○好 (좋을 호, 女 계집 녀 부수 3획)

좋다(好雨호우: [때맞추어 오는] 좋은 비), 좋아하다.

○之 (갈 지, 丿 삐침 부수 3획)

가다(목적지가 반드시 있다, 之渤海지발해: 발해로 가다), 그, 그것, 이, 이것, ~이, ~가, ~은(는), ~의, ~하는, ~한.

【참고】渤海는 698년에 우리 민족(대조영이 이끄는 고구려 유민)이 주축이 되고 말갈족이 참여해서 세운 나라였다. 한때는 해동성국(海東盛國)이라 불릴 만큼 큰 나라로 성장하였지만, 거란의 침입으로 926년에 멸망하였다. 지금에 와서는 발해를 어느 민족의 역사인가를 두고 한·중·러·일 사이에 논쟁이 되고 있다. 우리와 일본은 고구려 계통의 역사로 보지만 중국이나 러시아는 말갈족의 역사라고 주장한다.

○ 必 ^필 (반드시 필, 心〈忄·小〉 마음 심 부수 1획)

　　반드시(治國之道 必先富民^{치국지도 필선부민}: 나라를 다스리는 길은 반드시 먼저 백성을 잘 살게 해야 한다), 꼭.

○ 察 ^찰 (살필 찰, 宀 갓머리 부수 11획)

　　(어떤 사물이나 일에 대해 유심히) 살피다, 살펴보다.

　　【참고】觀(자세히 살펴서 볼 관)과 省(세밀하게 살펴서 볼 성)도 察과 같은 뜻으로 쓰인다.

○ 焉 ^언 (어찌 언, 火〈灬〉 불 화 부수 7획)

　　어찌, 어떻게, 어디에, 어디로, 그것에 대해서(於是^{어시}, 於此^{어차}, 於之^{어지}), 문의(文意)를 강조할 때.

○ 惡 ^악 (나쁠, 모질 악 / 미워할 오, 心〈忄·小〉 마음 심 부수 8획)

　　나쁘다, 모질다, 나쁜 일, 악한 일, 미워하다(憎惡^{증오}: 몹시 미워하다).

[어구풀이]

○ 子曰^{자왈} : 공자(孔子)께서 말씀하셨다. 여기서 子는 공자를 가리킨다. 스승에 대한 존칭의 뜻으로 사용하였다.

○ 衆^중 : 여러 사람, 많은 사람.

○ 好之^{호지} : [그것을] 좋아하다. 여기서 之는 지시대명사로서 '그, 그것'의 뜻이다.

○ 必察焉^{필찰언} : 반드시 [그것에 대해서] 잘 살피다. 여기서 焉은 於是^{어시}, 於此^{어차}, 於之^{어지}로서, '그것에 대해서'의 뜻이다.

○ 惡之^{오지} : [그것을] 미워하다, [그것을] 싫어하다. 여기서 之는 지시대명사로서 '그, 그것'의 뜻이다.

明心寶鑑 12선

복은 너그러움 속에서 온다

萬事從寬 其福自厚

^만萬 ^사事 ^종從 ^관寬이면 ^기其 ^복福 ^자自 ^후厚니라

모든 일에 너그러움을 좇으면 그 복이 저절로 두터워지니라.

[문장쓰기]

萬事從寬이면 其福自厚니라

[한자풀이]

○ 萬 (일만 만, 艸⟨艹·⺿⟩ 초두 부수 9획)

일만. 萬은 천(千)의 열 배인 일만(一萬)을 뜻하지만, 주로 '많다, 온갖, 모든'의 뜻으로 쓰인다.

○ 事 (일 사, ㅣ 갈고리 궐 부수 7획)

일, 섬기다(事親以孝^{사친이효}: 어버이를 효로써 섬긴다).

○ 從 (좇을 종, 彳 두인변 부수 8획)

좇다, 따르다, ~부터(從古^{종고}: 예로부터, 從外^{종외}: 밖으로부터).

○ 寬 (너그러울 관, 宀 갓머리 부수 12획)

너그럽다(寬容^{관용}: 너그럽게 용서하다), 너그러움.

○ 其^기 (그 기, 八 여덟 팔 부수 6획)

그(其他^{기타}: 그밖에 다른 것), 장차, 아마(知我者 其天乎^{지아자 기천호}: 나를 알아주는 것은 아마 하늘일 것이다).

【참고】其^기~乎^호: 아마 ~일 것이다. 또한 其는 문장에서 사람이나 사물을 대신하는 경우가 있다. 鳥之將死 其鳴也哀^{조지장사 기명야애} 人之將死 其言也善^{인지장사 기언야선}: 새 가 장차 죽으려 할 때 그(새)가 우는 것이 슬프고, 사람이 장차 죽으려 할 때 그(사 람)가 말하는 것이 착하다.

○ 福^복 (복 복, 示〈礻〉 보일 시 부수 9획)

복, 행복(五福^{오복}: 다섯 가지 복).

【참고】五福은 오래살고(壽^수), 부유하며(富^부), 건강하고(康寧^{강녕}), 덕을 닦고(攸好 德^{유호덕}), 편안히 죽음을 맞는 것(考終命^{고종명})을 말한다. 사람이 살면서 누구나 누리 고픈 소망이다.

○ 自^자 (스스로 자, 自 스스로 자 부수 0획)

스스로, 저절로, 몸소, 자기(自國^{자국}: 자기의 나라), ~부터(自昏至夜^{자혼지야}: 저녁부 터 밤까지, 自始至終^{자시지종}: 처음부터 끝까지).

○ 厚^후 (두터울 후, 厂 민엄호 부수 7획)

두텁다, 두터워지다, 두텁게 하다(厚其別也^{후기별야}: 그 분별을 두텁게 하는 것이다), 넉넉 하게 하다(正德 利用 厚生^{정덕 이용 후생}: [인간다운 삶을 위해] 덕성을 바르게 하고, [생 활에] 사용하는 것을 편리하게 하고, [복지사회를 위해] 삶을 넉넉하게 하다).

[어구풀이]

○ 萬事^{만사} : 많은 일, 온갖 일, 모든 일.

○ 從寬^{종관} : 너그러움을 좇다, 너그러움을 따르다, 너그럽게 처신하다.

○ 其福^{기복} : 그 복, 그에 따르는 복.

○ 自厚^{자후} : 저절로 두터워지다.

타인능해(他人能解)

타인능해는 전라남도 구례에 있는 운조루 고택(雲鳥樓 古宅, 국가민속문화제 제8호)의 쌀독 마개에 새겨진 글자이다. '누구나 열 수 있다'는 뜻으로 운조루의 주인이 쌀 두 가마니 반이 들어가는 커다란 뒤주를 사랑채 옆 부엌에 놓아두고 끼니가 없는 마을 사람들이 쌀을 가져갈 수 있도록 하였다. 마을 사람들에게 직접 쌀을 줄 수도 있었지만 이웃을 배려하는 마음에서 이렇게 한 것이다. 세월이 흘러 6·25 전쟁 때도 지리산 자락이었지만 운조루는 큰 화를 당하지 아니했다.

13선 明心寶鑑

말은 늘 조심하고 삼가야 한다

明心寶鑑

蔡伯喈曰 喜怒 在心 言出於口 不可不愼

채 백 개 왈　　희 노　　재 심　　　언
蔡伯喈曰　喜怒는　在心하고　言

출 어 구　　　불 가 불 신
出於口하나니　不可不愼이니라

채백개(蔡伯喈)가 말하기를, "기뻐하고 성내는 것은 마음에 있고, 말은 입에서 나오니 삼가지 않으면 안 되느니라."하였다.

[문장쓰기]

채 백 개 왈　　희 노　　재 심　　　언
蔡伯喈曰　喜怒는　在心하고　言

출 어 구　　　불 가 불 신
出於口하나니　不可不愼이니라

○ **채백계**(蔡伯喈, 131년~192년)

후한(後漢) 때의 이름난 학자로, 이름은 옹(邕)이며 자(字)는 백개(伯喈)이다. 학식이 매우 넓었을 뿐만 아니라 거문고와 글씨, 그림에도 능하였다. 저서에 『채중랑집(蔡中郎集)』이 전한다.

[한자풀이]

○ 蔡 (거북 채, 艸〈艹·䒑〉 초두 부수 11획)

거북(점치는 데 쓰는 큰 거북), 나라 이름, 성씨.

○ 伯 (맏 백, 人〈亻〉 사람 인 부수 5획)

맏, 맏이(伯父백부: 큰아버지).

○ 喈 (새소리 개, 口 입 구 부수 9획)

새소리(봉황새의 울음소리), 종소리.

○ 曰 (가로 왈, 曰 가로 왈 부수 0획)

말하다(曰可曰否왈가왈부: 옳다 그르다하며 이러쿵저러쿵 말하다), 말씀하시다.

○ 喜 (기쁠 희, 口 입 구 부수 9획)

기쁘다, 기뻐하다.

【참고】 喜와 悅(=說 기쁠 열)은 다같이 '기쁨'을 뜻하지만 약간의 차이가 있다. 마음속으로 조용히 즐거워하면서 만족해하는 기쁨을 悅(=說)이라 하고, 밖으로 표현되는 기쁨을 喜라 한다.

○ 怒 (성낼 노, 心〈忄·㣺〉 마음 심 부수 5획)

성내다, 화내다, 성냄, 노여움.

○在 (있을 재, 土 흙 토 부수 3획) = 存 (있을 존)

있다, ~에 달려 있다(危在旦夕^{위재단석}: 위험이 아침저녁에<아주 짧은 순간에> 달려 있다).

○心 (마음 심, 心〈忄·㣺〉 마음 심 부수 0획)

마음(良心^{양심}: [사람으로서 마땅히 가져야 할] 바르고 착한 마음).

○言 (말씀 언, 言 말씀 언 부수 0획)

말씀, 말(去言美 來言美^{거언미 래언미}: 가는 말이 고와야 오는 말이 곱다. 내가 남에게 좋게 해야 남도 나에게 잘 할 수 있음을 비유한 우리나라 속담이다), 말하다.

○出 (날 출, 凵 위 터진 입 구 부수 3획)

나다, 태어나다, 나오다, 나가다(出入^{출입}: 나가고 들어오다, 나들이).

○於 (어조사 어 / 탄식할 오, 方 모 방 부수 4획)

~에, ~에서(福生於清儉^{복생어청검}: 복은 청렴과 검소함에서 생긴다), ~에게(勿施於人^{물시어인}: 남에게 시키지 말라), ~보다(青出於藍而青於藍^{청출어람이청어람}: 푸른색은 쪽빛에서 나왔으나 쪽빛보다 푸르다), 아!(於乎^{오호}: 아!, 오!).

【참고】푸른색은 쪽빛에서 나왔으나 쪽빛보다 푸르다는 말은 제자가 스승보다 훌륭한 것을 비유한 말이다.

○口 (입 구, 口 입 구 부수 0획)

입(口禍之門^{구화지문}: 입은 재앙을 불러들이는 문이다).

○不 (아닐 불, 一 한 일 부수 3획)

아니다, 아니하다, 않다, 못하다.

○可 (옳을 가, 口 입 구 부수 2획)

옳다(曰可曰否^{왈가왈부}: 옳다 그르다하며 이러쿵저러쿵 말하다), 가히, ~할 수 있다.

○慎 (삼갈 신, 心〈忄·㣺〉 마음 심 부수 10획)

삼가다(말이나 몸가짐 등을 조심하다, 君子慎其獨也^{군자신기독야}: 군자는 홀로 있을 때

삼가야 한다. 군자는 홀로 있을 때라도 마음이 풀어져서는 안 되고 부당한 욕구가 일
어나면 그 욕구를 선<善>으로 이끌어야 한다는 뜻이다), 삼가(조심하는 마음으로).

[어구풀이]

○ **蔡伯喈曰**^{채백개왈} : 채백개가 말하였다.

○ **喜怒**^{희노} : 기뻐하고 성내는 것, 기쁨과 성냄.

　읽을 때와 쓸 때는 '희로'가 된다. 우리 국어의 '활음조(滑音調) 현상' 때문인데, 발음을 쉽
게 하기 위해서이다. 희노(喜怒)→희로, 허낙(許諾)→허락, 한나산(漢拏山)→한라산, 곤난
(困難)→곤란, 폐염(肺炎)→폐렴, 모단(牡丹)→모란, 십월(十月)→시월, 육월(六月)→유월,
사월 팔일(四月 八日)→사월 초파일, 오월(五月)과 육월(六月)→오뉴월 등이 그 예이다.

　본음대로 읽지 않는 활음조 현상은 일정한 법칙이 있는 것이 아니기 때문에, 관용 표현
처럼 그냥 낱말 그대로 기억해야 한다.

○ **在心**^{재심} : 마음에 있다, 마음에 달려 있다.

○ **於口**^{어구} : 입에서. 여기서 於는 '~에서'의 뜻이다.

○ **不可不**^{불가불}~ : ~하지 않으면 안 된다, ~하지 않을 수 없다.

○ **不可不愼**^{불가불신} : 삼가지 않으면 안 된다, 삼가지 않을 수 없다.

만족함을 알면 가난해도 즐겁다

知足者 貧賤亦樂 不知足者 富貴亦憂

知足_{지족자}者_는 貧賤_{빈천}도_{역락}亦樂_{이요} 不知_{불지}

足者_{족자는} 富貴_{부귀}도 亦憂_{역우}_{니라}

만족함을 아는 사람은 가난하고 천하여도 또한 즐겁고, 만족함을 알지 못하는 사람은 부유
하고 지위가 높더라도 또한 근심하느니라.

[문장쓰기]

知足者_는 貧賤_도亦樂_{이요} 不知

足者_는 富貴_도亦憂_{니라}

[한자풀이]

○ 知 ^지 (알 지, 矢 화살 시 부수 3획)

알다, 앎, 지식, 슬기, 지혜(智), 지혜롭다.

○ 足 ^족 (발 족, 足〈⻊〉발 족 부수 0획)

발(鳥足之血^{조족지혈}: 새 발의 피. '아주 적은 분량'을 비유하는 말이다), 넉넉하다, 만족하다, 만족함, 족히 ~할 수 있다(足王^{족왕}: 족히 왕 노릇할 수 있다).

○ 者 ^자 (놈 자, 老〈耂〉늙을 로 부수 5획)

사람, 이, ~라는 것은(天者^{천자}: 하늘이라는 것은, 地者^{지자}: 땅이라는 것은), ~에(昔者^{석자}: 옛날에, 近者^{근자}: 요즘에).

○ 貧 ^빈 (가난할 빈, 貝 조개 패 부수 4획)

가난하다, 가난.

○ 賤 ^천 (천할 천, 貝 조개 패 부수 8획)

천하다(微賤^{미천}: 보잘 것 없고 천하다).

○ 亦 ^역 (또 역, 亠 돼지해밑 부수 4획)

또, 또한, 역시.

○ 樂 ^락 (즐거울 락 / 풍류, 음악, 풍악 악 / 좋아하다 요, 木 나무 목 부수 11획)

즐겁다(知足可樂^{지족가락}: 만족함을 알면 가히 즐거울 것이다), 풍류, 음악, 풍악(風樂: 종·북·피리·퉁소 등의 총칭), 좋아하다(知者樂水 仁者樂山^{지자요수 인자요산}: 지혜로운 사람은 물을 좋아하고, 어진 사람은 산을 좋아한다).

【참고】知者樂水 仁者樂山에서 知者와 仁者는 모두 군자(君子)를 뜻한다. 군자는 지혜롭고 어질기 때문이다. 따라서 이 구절은 '군자는 본질을 굳게 지키고 변하는 현상에 대해서는 슬기롭게 대처한다'는 의미를 함축한다.

○ 不 ^불 (아닐 불, 一 한 일 부수 3획)

아니다, 아니하다, 않다, 못하다.

○ 富 ^부 (가멸 부, 宀 갓머리 부수 9획)

가멸다(재산이 많고 살림이 넉넉하다), 부유하다, 부유함, 부자.

○ 貴 ^귀 (귀할 귀, 貝 조개 패 부수 5획)

귀하다, 지위가 높다.

○ 憂 ^우 (근심할 우, 心〈忄·㣺〉 마음 심 부수 11획)

근심하다, 걱정하다.

[어구풀이]

○ **知足者** ^{지족자} : 만족함을 아는 사람, 만족함을 아는 이.

○ **貧賤** ^{빈천} : 가난하고 천하다.

○ **亦樂** ^{역락} : 또한 즐겁다.

○ **不知足者** ^{불지족자} : 만족함을 알지 못하는 사람, 만족함을 알지 못하는 이.

○ **富貴** ^{부귀} : 부자이고 지위가 높다.

○ **亦憂** ^{역우} : 또한 근심하다, 또한 걱정하다.

심성을 안정시켜라

明心寶鑑

心安茅屋穩 性定菜羹香

心^심安^안茅^모屋^옥穩^온이요 性^성定^정菜^채羹^갱香^향이니라

마음이 편안하면 띠집도 편안하고, 성품이 안정되면 나물국도 향기로우니라.

[문장쓰기]

心^심安^안茅^모屋^옥穩^온이요 性^성定^정菜^채羹^갱香^향이니라

[한자풀이]

○ 心^심 (마음 심, 心〈忄·㣺〉 마음 심 부수 0획)

마음(良心^{양심}: [사람으로서 마땅히 가져야 할] 바르고 착한 마음).

○ 安^안 (편안할 안, 宀 갓머리 부수 3획)

편안하다, 편안하게 하다, 어찌(安敢不學^{안감불학}: 어찌 감히 배우지 않겠습니까), 어디에(今蛇安在乎^{금사안재호}: 지금 뱀이 어디에 있는가?).

○ 茅^모 (띠 모, 艸〈艹·䒑〉 초두 부수 5획)

띠, 띠풀(白茅^{백모}: 흰 띠풀, 茅塞^{모색}: 띠가 나서 막히다. 마음이 욕심으로 말미암아 꽉 막힘을 비유한 말이다).

○ 屋 ^옥(집 옥, 尸 주검 시 부수 6획) = 舍 (집 사)

　　집(屋舍^{옥사}: 집, 草屋^{초옥}: 초가집).

○ 穩 ^온(편안할 온, 禾 벼 화 부수 14획)

　　편안하다(平穩^{평온}: 마음이 고요하고 편안하다).

○ 性 ^성(성품 성, 心〈忄·㣺〉 마음 심 부수 5획)

　　성품(性稟: 사람이 세상에 태어날 때 하늘로부터 받아 가지고 있는 마음).

○ 定 ^정(정할 정, 宀 갓머리 부수 5획)

　　정하다(決定^{결정}: 가려서 정하다), 준비하다(昏定晨省^{혼정신성}: 저녁엔 [잠자리를] 준비

　　해 드리고, 새벽엔 [문안을 드리면서] 살핀다), 안정되다.

○ 菜 ^채(나물 채, 艸〈艹·䒑〉 초두 부수 8획)

　　나물(野菜^{야채}: 들이나 밭에서 나는 나물, 山菜^{산채}: 산에서 나는 나물).

○ 羹 ^갱(국 갱, 羊〈⺶〉 양 양 부수 13획)

　　국(熱羹^{열갱}: 뜨거운 국).

○ 香 ^향(향기 향, 香 향기 향 부수 0획)

　　향기(梅一生寒不賣香^{매일생한불매향}: 매화는 평생 추워도 향기를 팔지 않는다), 향기롭다.

　　【참고】梅一生寒不賣香은 조선 중기의 문인인 상촌 신흠이 그의 저서 『야언(野言)』
　　에서 남긴 명언이다. 선비는 어떠한 역경에서도 기개와 지조를 지키면서 살아야 한다
　　는 뜻이다.

[어구풀이]

○ 心安 ^{심안} : 마음이 편안하다.

○ 茅屋 ^{모옥} : 띠풀로 지붕을 인 집, 띠집, 초가집.

○ 性定 ^{성정} : 성품이 안정되다.

○ 菜羹 ^{채갱} : 나물국.

고람 전기(田琦)의 매화초옥도(梅花草屋圖)
(서울, 국립 중앙박물관 소장)

참고 또 참아라

得忍且忍 得戒且戒 不忍不戒 小事成大

得^득忍^인且^차忍^인하고　得^득戒^계且^차戒^계하라　不^불

忍^인不^불戒^계면　小^소事^사成^성大^대니라

참을 수 있으면 또 참고, 경계할 수 있으면 또 경계하라. 참지 않고 경계하지 않으면 작은 일이 큰 낭팻거리로 만들어지느니라.

[문장쓰기]

得^득忍^인且^차忍^인하고　得^득戒^계且^차戒^계하라

不^불忍^인不^불戒^계면　小^소事^사成^성大^대니라

[한자풀이]

○ ^득得 (얻을 득, 彳 두인변 부수 8획) ↔ 失 (잃을 실)

얻다, 이익, 이득, ~할 수 있다.

○ ^인忍 (참을 인, 心〈忄·灬〉 마음 심 부수 3획)

참다(百忍^{백인}: 백 번을 참다, 백 번이라도 참다), 차마하다(不忍人之心^{불인인지심}: 남에게 차마 하지 못하는 마음).

○ ^차且 (또 차, 一 한 일 부수 4획) ≒ 旦 (아침 단)

또, 또한, 거듭, 게다가.

○ ^계戒 (경계할 계, 戈 창 과 부수 3획)

경계하다, 주의하다, 조심하다, 경계, 주의, 조심.

○ ^불不 (아닐 불, 一 한 일 부수 3획)

아니다, 아니하다, 않다, 못하다.

○ ^소小 (작을 소, 小 작을 소 부수 0획) ≒ 少 (적을, 젊을 소)

작다(小車^{소거}: 작은 수레, 小水合流曰川^{소수합류왈천}: 작은 물들이 합해서 흐르는 것을 '내'라고 한다), 작음.

○ ^사事 (일 사, 亅 갈고리 궐 부수 7획)

일, 섬기다(事親以孝^{사친이효}: 어버이를 효로써 섬긴다).

○ ^성成 (이룰 성, 戈 창 과 부수 3획)

이루다, 이루어지다(大器晚成^{대기만성}: 큰 그릇은 늦게 이루어진다. 큰사람이 되기 위해서는 많은 노력과 시간이 필요하다는 뜻이다).

○ ^대大 (큰 대, 大 큰 대 부수 0획) ≒ (丈 어른 장 / 太 클 태 / 犬 개 견)

크다, 크게(大破^{대파}: 크게 부수다, 크게 부서지다), 큰, 대단한, 뛰어난.

[어구풀이]

○ **得忍**^{득인} : 참을 수 있다.

○ **且忍**^{차인} : 또 참다, 거듭 참다.

○ **得戒**^{득계} : 경계할 수 있다.

○ **且戒**^{차계} : 또 경계하다, 거듭 경계하다.

○ **小事**^{소사} : 작은 일, 사소한 일.

○ **成大**^{성대} : 큰 일을 이루다, 큰 일을 만든다.

○ **小事成大**^{소사성대} : 작은 일이 큰 일을 이루다, 작은 일이 큰 일을 만든다. 여기서는 작은 일이 큰 낭팻거리로 만들어진다는 뜻이다.

凡事 留人情 後來 好相見

^범凡^사事에 ^류留^인人^정情이면 ^후後^래來에 ^호好^상相

^견見이니라

모든 일에 인정을 남겨두면 뒷날에 좋게 서로 보게 되느니라.

[문장쓰기]

^범凡^사事에 ^류留^인人^정情이면 ^후後^래來에 ^호好^상相

^견見이니라

[한자풀이]

○凡^범 (무릇 범, 几 안석 궤 부수 1획)

　　무릇, 모두, 모든, 다.

○**事** ^사 (일 사, 亅 갈고리 궐 부수 7획)

일, 섬기다(事親以孝^{사친이효}: 어버이를 효로써 섬긴다).

○**留** ^류 (머무를 류, 田 밭 전 부수 5획)

머무르다(留學^{유학}: 외국에 머무르면서 공부하다), 남기다, 남겨두다.

○**人** ^인 (사람 인, 人〈亻〉 사람 인 부수 0획)

사람, 남, 다른 사람(我敬人親 人敬我親^{아경인친 인경아친}: 내가 다른 사람의 부모를 공경하면, 다른 사람도 내 부모를 공경한다), 사람대접하다(人其人^{인기인}: 그 사람을 사람대접하다).

○**情** ^정 (뜻 정, 心〈忄·㣺〉 마음 심 부수 8획)

뜻, 정, 인정(人情: 남을 생각하고 도와주는 따뜻한 마음씨).

○**後** ^후 (뒤 후, 彳 두인변 부수 6획)

뒤(數年之後^{수년지후}: 수 년이 지난 뒤에), 후사, 후손, 뒤에 처지다, 뒤에 처지려하다(非敢後也 馬不進也^{비감후야 마불진야}: 감히 뒤에 처지려 한 것이 아니라 말이 나아가지 않았다).

【참고】 非敢後也 馬不進也는 노(魯)나라 대부 맹지반(孟之反)이 한 말이다. 맹지반은 기원전 484년 제(齊)나라 군사와의 싸움에서 크게 패배하여 성안으로 후퇴한 적이 있었다. 이 때 그는 퇴각하는 군대의 뒤를 지키면서 마지막으로 성에 도착하였다. 위험을 무릅쓰고 행렬의 맨 뒤에서 행렬을 보호하고 행군을 독려한 맹지반이지만 사람들 앞에서는 이렇게 겸손하게 말했다. 『논어(論語)』에 나온다.

○**來** ^래 (올 래, 人〈亻〉 사람 인 부수 6획) ↔ 往 (갈 왕)

오다(寒來署往^{한래서왕}: 추위가 오면 더위는 간다), 앞으로 오게 될 일.

○**好** ^호 (좋을 호, 女 계집 녀 부수 3획)

좋다(好雨^{호우}: [때맞추어 오는] 좋은 비), 좋아하다.

○**相** ^상 (서로 상, 目 눈 목 부수 4획)

서로, ~를 돕다, 재상, 정승(相公^{상공}: 정승의 높임말, 得相^{득상}: 정승을 얻다), 관상

(相逐心生^{상축심생}: 관상은 마음을 따라 생겨난다), 관상을 보다.

○ 見^견 (볼 견 / 나타날, 뵐 현, 見 볼 견 부수 0획)

　　보다, 나타나다(讀書百遍義自見^{독서백편의자현}: 책을 백 번 읽으면 뜻이 저절로 나타난

　　다), 뵙다(謁見^{알현}: [지체 높은 분을] 뵙다).

[어구풀이]

　○ 凡事^{범사} : 모든 일.

　○ 留人情^{류인정} : 인정을 남겨두다.

　○ 後來^{후래} : 뒷날에, 훗날에, 나중에.

　○ 好相見^{호상견} : 좋게 서로 보다.

18선 明心寶鑑

부지런한 배움 속에
입신의 영광이 있다

朱文公曰 家若貧 不可因貧而廢學 家若富
不可恃富而怠學 貧若勤學 可以立身
富若勤學 名乃光榮

朱^주文^문公^공이 曰^왈   家^가若^약貧^빈이라도   不^불可^가

因^인貧^빈而^이廢^폐學^학이요   家^가若^약富^부라도   不^불可^가

恃^시富^부而^이怠^태學^학이니   貧^빈若^약勤^근學^학이면

可^가以^이立^립身^신이요   富^부若^약勤^근學^학이면   名^명

乃^내光^광榮^영이니라

주문공(朱文公)이 말하기를, "집이 만약 가난하더라도 가난 때문에 배움을 그만두어서는 안 되고, 집이 만약 부유하더라도 부유함을 믿고서 배움을 게을리해서는 안 된다. 가난하더라도 부지런히 배운다면 출세를 할 수 있을 것이요, 부유하더라도 부지런히 배운다면 이름이 곧 더욱 빛나고 영예로울 것이니라."하였다.

[문장쓰기]

주 문 공 왈 　 가 약 빈 　 불 가
朱文公이曰 家若貧이라도 不可

인 빈 이 폐 학 　 가 약 부 　 불 가
因貧而廢學이요 家若富라도 不可

시 부 이 태 학 　 빈 약 근 학
恃富而怠學이니 貧若勤學이면

가 이 립 신 　 부 약 근 학 　 명
可以立身이요 富若勤學이면 名

내 광 영
乃光榮이니라

[인물과 책명]

○ 주문공(朱文公, 1130년~1200년)

　송(宋)나라 때의 학자이자 사상가이다. 이름은 희(熹)이고, 호는 회암(晦庵)이다. 그를 높이는 뜻에서 보통 주문공 또는 주자(朱子)라고 부른다. 성리학을 집대성하였으며 많은 저서를 남겼다. 막내아들 주재가 편찬한 『주문공문집(朱文公文集)』, 여정덕이 편찬한 『주자어류(朱子語類)』가 있다.

[한자풀이]

○ 朱 ^주 (붉을 주, 木 나무 목 부수 2획)

붉다, 붉은색, 붉은빛, 성씨.

○ 文 ^문 (글월 문, 文 글월 문 부수 0획)

글월(文盲^{문맹}: 글을 읽지 못하다), 글자(文字^{문자}), 학문, 무늬(龍文^{용문}: 용의 무늬), 푼(옛날 돈의 단위, 一文^{일문}: 한 푼), 성씨.

○ 公 ^공 (공평할 공, 八 여덟 팔 부수 2획)

공평하다, 공정하다, 성·시호·관작 밑에 붙여서 높이는 뜻을 나타낼 때(忠武公 李舜臣^{충무공 이순신}), 당신, 그대(公無渡河^{공무도하}: 그대여, 강을 건너지 마오).

【참고】시호(諡號)는 생전의 학문과 덕행 그리고 공적에 의하여 정해졌다. 특히 시장(諡狀)의 작성자는 관직과 이름을 명확히 표기해야 하는데, 이는 내용의 객관성과 신빙성을 가늠하기 위해서였다. 이어서 작성한 시장을 예조(禮曹)에 제출하면 예조에서는 시호 후보 3개를 선정해서 이조(吏曹)에 보고하고, 이조는 관련 문서를 첨부해서 의정부(議政府)로 이관하였다. 마지막으로 의정부에서 왕의 재가를 받아 시호를 확정하였다.

公無渡河는 우리나라 문학사상 가장 오래된 시가 작품인 공무도하가(公無渡河歌)의 첫 부분이다. 고조선(古朝鮮) 때 백수광부(白首狂夫)의 아내가 부른 노래이지만 그 배경설화가 애틋해서 수천 년 동안 중국 부녀자들 사이에서 널리 애창되었다.

○ 曰 ^왈 (가로 왈, 曰 가로 왈 부수 0획)

말하다(曰可曰否^{왈가왈부}: 옳다 그르다하며 이러쿵저러쿵 말하다), 말씀하시다.

○ 家 ^가 (집 가, 宀 갓머리 부수 7획)

집, 집안, 집을 장만하여 살다(晚家南山陲^{만가남산수}: 만년에는 남산 기슭에서 산다), 문학이나 예술 등의 창작 활동을 전문으로 하는 사람(小說家^{소설가}: 소설을 쓰는 사람, 寫眞作家^{사진작가}: 사진을 전문으로 찍는 사람).

○若 (같을 약 / 반야 야, 艸〈艹·⺾〉초두 부수 5획)

같다, 만약 ～한다면, 너, 너희(若行之無忽^{약행지무홀}: 너희는 그것을 행함에 소홀히 하지 말아라), 반야(般若: 분별이나 망상을 떠나 깨달음과 참모습을 훤히 아는 지혜).

○貧 (가난할 빈, 貝 조개 패 부수 4획)

가난하다, 가난.

○不 (아닐 불, 一 한 일 부수 3획)

아니다, 아니하다, 않다, 못하다.

○可 (옳을 가, 口 입 구 부수 2획)

옳다(曰可曰否^{왈가왈부}: 옳다 그르다하며 이러쿵저러쿵 말하다), 가히, ～할 수 있다.

○因 (인할 인, 囗 큰 입 구 부수 3획)

인하다, 말미암다, 인연, 원인을 이루는 근본(因果應報^{인과응보}: 좋은 원인의 일에는 좋은 결과의 보답을 받고, 나쁜 원인의 일에는 나쁜 결과의 보답을 받는다).

【참고】인연(因緣)은 사물이 생성·존재하는 원인과 조건을 말하는데, 그 가운데 주도적이면서 직접적인 역할을 하는 조건을 인(因)이라 하고, 보조적이면서 간접적인 역할을 하는 조건을 연(緣)이라고 한다.

○而 (말 이을 이, 而 말 이을 이 부수 0획)

～하고, ～하며, ～하되, ～하지만, 너, 그대(余而祖也^{여이조야}: 나는 그대의 조상이다).

○廢 (폐할 폐, 广 엄호 부수 12획)

폐하다, 버리거나 없애다, 그만두다.

○學 (배울 학, 子 아들 자 부수 13획)

배우다, 배움, 학문, 배운 사람(吾必謂之學矣^{오필위지학의}: 나는 반드시 그를 배운 사람이라고 말하겠다).

【참고】學은 모른 것을 남에게서 배우는 것이고, 習(익힐 습)은 그 배운 것을 스스로 되풀이하여 계속 익히는 것이다.

○ 富^부 (가멸 부, 宀 갓머리 부수 9획)

가멸다(재산이 많고 살림이 넉넉하다), 부유하다, 부유함, 부자.

○ 恃^시 (믿을 시, 心〈忄·㣺〉 마음 심 부수 6획) ≒ (待 기다릴 대 / 侍 모실 시)

믿다, 믿고 의지하다.

○ 怠^태 (게으를 태, 心〈忄·㣺〉 마음 심 부수 5획)

게으르다, 게을리하다.

○ 勤^근 (부지런할 근, 力 힘 력 부수 11획)

부지런하다, 부지런함.

○ 以^이 (써 이, 人〈亻〉 사람 인 부수 3획)

～으로써(재료·수단·방법), ～으로서(신분·자격), ～때문에(以其有五倫也^{이기유오륜야}: 그 오륜이 있기 때문이다), ～에(以十月祭天^{이십월제천}: 시월에 하늘에 제사지내다, 余以七月七日返^{여이칠월칠일반}: 나는 7월 7일에 돌아오겠다), 매우, 너무(陶以寡^{도이과}: 도자기가 너무 적다).

○ 立^립 (설 립, 立 설 립 부수 0획)

서다, 세우다(建立^{건립}: 건물 따위를 세우다), 시작되다(立春^{입춘}: 봄이 시작되다, 立秋^{입추}: 가을이 시작되다), 바로, 즉시, 즉석에서(立與千金^{립여천금}: 즉석에서 천금을 주다).

○ 身^신 (몸 신, 身 몸 신 부수 0획) = 躬 (몸, 자신, 몸소 궁)

몸, 자신, 몸소.

【참고】躬은 '사람의 몸'만을 가리키지만, 身은 사람의 몸 이외에도 사물의 몸체를 가리키기도 한다.

○ 名^명 (이름 명, 口 입 구 부수 3획)

이름, 이름나다(名儒^{명유}: 이름난 선비, 名臣^{명신}: 이름난 신하), 이름붙이다, 이름짓다, ～라 이름하다, 형언하다(秀色不可名 淸輝滿江城^{수색불가명 청휘만강성}: 빼어난 색깔은 형언할 수가 없는데, 해맑은 빛깔이 강가의 성에 가득하다).

○ 乃 ^내 (이에 내, 丿 삐침 부수 1획) ≒ 及 (미칠 급)

이에, 바로, 곧(人乃天^{인내천}: 사람이 곧 한울이다), 그러고는.

【참고】人乃天은 동학(東學), 즉 천도교(天道敎)의 근본 교의(敎義)이다. 한울은 천도교에서 우주의 본체를 가리키는 말이다.

○ 光 ^광 (빛 광, 儿 어진 사람 인 부수 4획)

빛(晨光^{신광}: 새벽빛, 三光^{삼광}: 해와 달과 별의 빛), 빛나다, 밝아지다(東光乎^{동광호}: 동녘이 밝았는가?), 밝아 오다.

○ 榮 ^영 (영화 영, 木 나무 목 부수 10획)

영화, 영화롭다, 영예롭다, 번영하다.

[어구풀이]

○ 朱文公曰 ^{주문공왈} : 주문공이 말하였다.

○ 家若貧 ^{가약빈} : 집이 만약 가난하더라도.

○ 不可 ^{불가} : ~해서는 안 된다, ~할 수 없다.

○ 因貧 ^{인빈} : 가난으로 인하여, 가난 때문에. 여기서 因은 이유나 까닭을 나타낸다.

○ 廢學 ^{폐학} : 배움을 그만두다, 학문을 그만두다.

○ 家若富 ^{가약부} : 집이 만약 부유하더라도.

○ 恃富 ^{시부} : 부유함을 믿다.

○ 怠學 ^{태학} : 배움을 게을리하다, 학문을 게을리하다.

○ 勤學 ^{근학} : 부지런히 배우다.

○ 可以 ^{가이}~ : ~할 수 있다.

○ 立身 ^{립신} : 자신을 세우다, 출세하다, 입신하다.

○ 光榮 ^{광영} : 빛나고 영예롭다.

주자(朱子) 초상(肖像)
(대만, 국립 고궁박물관 소장)

19선 明心寶鑑

배우지 않으면 사람의 도리를
알 수가 없다

禮記曰 玉不琢 不成器 人不學 不知道

^례禮^기記에^왈曰 ^옥玉^불不^탁琢이면 ^불不^성成^기器하고

^인人^불不^학學이면 ^불不^지知^도道니라

『예기(禮記)』에 말하기를, "옥은 다듬지 않으면 그릇을 이루지 못하고, 사람은 배우지 않으면 [바른] 도리를 알지 못하느니라."하였다.

[문장쓰기]

^례禮^기記에^왈曰 ^옥玉^불不^탁琢이면 ^불不^성成^기器하고

^인人^불不^학學이면 ^불不^지知^도道니라

[인물과 책명]

○ 예기(禮記)

유교의 기본 경전인 『오경(五經)』(시경·서경·역경·예기·춘추) 중의 하나이다. 주나라 말

기부터 진한(秦漢)시대까지의 여러 유학자들의 예(禮)에 관한 학설을 수록한 책이다.

[한자풀이]

○禮 (예도 례, 示〈礻〉 보일 시 부수 13획)

예도, 예법, 예절, 예의.

○記 (기록할 기, 言 말씀 언 부수 3획)

기록하다, 기억하다(記念^{기념}: 오래도록 기억하며 생각하다).

○曰 (가로 왈, 曰 가로 왈 부수 0획)

말하다(曰可曰否^{왈가왈부}: 옳다 그르다하며 이러쿵저러쿵 말하다), 말씀하시다.

○玉 (구슬 옥, 玉〈王〉 구슬 옥 부수 0획) ≒ (王 임금 왕 / 主 주인 주 / 壬 아홉째 천간 임)

구슬, 옥(玉工^{옥공}: 옥을 다루는 기술자, 美玉^{미옥}: 아름다운 옥).

○不 (아닐 불, 一 한 일 부수 3획)

아니다, 아니하다, 않다, 못하다.

○琢 (쪼을 탁, 玉〈王〉 구슬 옥 부수 8획)

(옥 따위를) 쪼다, 다듬다.

【비교】날짐승이 부리로 쪼다는 啄(쪼을 탁)으로 나타낸다.

○成 (이룰 성, 戈 창 과 부수 3획)

이루다, 이루어지다(大器晚成^{대기만성}: 큰 그릇은 늦게 이루어진다. 큰사람이 되기 위해서는 많은 노력과 시간이 필요하다는 뜻이다).

○器 (그릇 기, 口 입 구 부수 13획)

그릇, 기구, 쓸모 있는 재목, 큰사람, 훌륭한 인재, 무기, 장비.

【참고】군자불기(君子不器)라는 말이 있다. 군자는 한 가지에만 쓰이는 그릇이 아니다란 뜻이다. 여기서 '불기'란 학문이나 덕행, 재예(才藝)가 두루 갖추어져서 어떠한

방면에도 그 역할을 떳떳하고 올바르게 잘 할 수 있는 사람을 말한다. 또한 불교에서는 훌륭한 인재를 법기(法器)라 부른다. 불법(佛法)을 담을 만한 소중한 그릇이라는 뜻이다.

○ **人** ^인 (사람 인, 人〈亻〉사람 인 부수 0획)

사람, 남, 다른 사람(我敬人親 人敬我親^{아경인친 인경아친}: 내가 다른 사람의 부모를 공경하면, 다른 사람도 내 부모를 공경한다), 사람대접하다(人其人^{인기인}: 그 사람을 사람대접하다).

○ **學** ^학 (배울 학, 子 아들 자 부수 13획)

배우다, 배움, 학문, 배운 사람(吾必謂之學矣^{오필위지학의}: 나는 반드시 그를 배운 사람이라고 말하겠다).

【참고】學은 모른 것을 남에게서 배우는 것이고, 習(익힐 습)은 그 배운 것을 스스로 되풀이하여 계속 익히는 것이다.

○ **知** ^지 (알 지, 矢 화살 시 부수 3획)

알다, 앎, 지식, 슬기, 지혜(智), 지혜롭다.

○ **道** ^도 (길 도, 辵〈辶·辶〉책받침 부수 9획) = 路 (길 로)

길, 도리, 방법, 말하다, 다스리다, 우리나라 행정구역(慶尙南道^{경상남도}).

[어구풀이]

○ **禮記曰**^{례기왈} : 『예기』에 쓰여 있다, 『예기』에 말하였다. '曰' 앞에 인명이 아닌 책명이나 편명 등이 나올 때는 '쓰여 있다'는 뜻으로 생각하면 된다.

○ **不琢**^{불탁} : 다듬지 않다.

○ **不成器**^{불성기} : 그릇을 이루지 못하다, 그릇이 만들어지지 않다.

○ **不學**^{불학} : 배우지 않다.

○ **不知道**^{불지도} : [바른] 도리를 알지 못하다.

배움은 늘 따라가지
못할 듯이 하여라

明心
寶鑑

論語曰 學如不及 猶恐失之

자왈 학여불급 유공실지
子曰 學如不及이요 猶恐失之니라

공자께서 말씀하시기를. "배움은 따라가지 못할 듯이 하고, 오히려 그 배운 것을 잃을까 두려워할지니라."하였다.

[문장쓰기]

자왈 학여불급 유공실지
子曰 學如不及이요 猶恐失之니라

[인물과 책명]

○ 공자(孔子, 기원전 551년~479년)

유교(儒敎)의 정립자이며 인류 역사의 3대 성인(聖人) 가운데 한 분이시다. 이름은 구(丘), 자는 중니(仲尼)이다. 유교의 대표 경전이며 인류의 영원한 베스트셀러인 『논어(論語)』는 공자가 세상을 떠난 뒤에 제자들이 그의 언행을 소중히 모아 엮은 책이다.

○子 (아들 자, 子 아들 자 부수 0획)

아들, 자식(아들과 딸), 씨앗, 열매(結子^{결자}: 열매를 맺다), 옛날에 제자가 스승에 대해 쓰던 존칭어(孔子^{공자}, 孟子^{맹자}, 朱子^{주자}).

○曰 (가로 왈, 曰 가로 왈 부수 0획)

말하다(曰可曰否^{왈가왈부}: 옳다 그르다하며 이러쿵저러쿵 말하다), 말씀하시다.

○學 (배울 학, 子 아들 자 부수 13획)

배우다, 배움, 학문, 배운 사람(吾必謂之學矣^{오필위지학의}: 나는 반드시 그를 배운 사람이라고 말하겠다).

【참고】學은 모른 것을 남에게서 배우는 것이고, 習(익힐 습)은 그 배운 것을 스스로 되풀이하여 계속 익히는 것이다.

○如 (같을 여, 女 계집 녀 부수 3획)

같다, 만일 ~한다면(王如知此^{왕여지차}: 왕께서 만약 이 점을 아신다면), 가다(如日本^{여일본}: 일본에 가다).

○不 (아닐 불, 一 한 일 부수 3획)

아니다, 아니하다, 않다, 못하다.

○及 (미칠 급, 又 또 우 부수 2획) ≒ 乃 (이에, 바로 내)

미치다, 이르다, ~와(과)(予及汝^{여급여}: 나와 너), 및(高句麗及百濟新羅^{고구려급백제신라}: 고구려 및 백제, 신라).

○猶 (같을 유, 犬〈犭〉개 견 부수 9획)

마치 ~와 같다(過猶不及^{과유불급}: 지나침은 마치 미치지 못함과 같다), 오히려, 여전히, 아직도.

○ $\overset{공}{恐}$ (두려울 공, 心⟨忄·⺗⟩ 마음 심 부수 6획)

　두렵다, 두려워하다.

○ $\overset{실}{失}$ (잃을 실, 大 큰 대 부수 2획) ↔ 得 (얻을 득)

　잃다, 허물, 잘못(過失相規^{과실상규}: 잘못은 서로 바로잡다).

○ $\overset{지}{之}$ (갈 지, 丿 삐침 부수 3획)

　가다(목적지가 반드시 있다, 之渤海^{지발해}: 발해로 가다), 그, 그것, 이, 이것, ～이,
　～가, ～은(는), ～의, ～하는, ～한.

　【참고】 渤海는 698년에 우리 민족(대조영이 이끄는 고구려 유민)이 주축이 되고 말
　갈족이 참여해서 세운 나라였다. 한때는 해동성국(海東盛國)이라 불릴 만큼 큰 나라
　로 성장하였지만, 거란의 침입으로 926년에 멸망하였다. 지금에 와서는 발해를 어느
　민족의 역사인가를 두고 한·중·러·일 사이에 논쟁이 되고 있다. 우리와 일본은 고구려
　계통의 역사로 보지만 중국이나 러시아는 말갈족의 역사라고 주장한다.

[어구풀이]

　○ **子曰**^{자왈} : 공자(孔子)께서 말씀하셨다. 여기서 子는 공자를 가리킨다. 스승에 대한 존칭
　　의 뜻으로 사용하였다.
　○ **學如不及**^{학여불급} : 배움은 미치지 못할 듯이 하다, 배움은 따라가지 못할 듯이 하다.
　○ **猶恐失之**^{유공실지} : 오히려 그 배운 것을 잃을까 두려워하다. 여기서 之는 '學(배움, 배운
　　것)'을 가리킨다.

[보충설명]

사람은 한평생 배워도 다 배우지 못한다. 하물며 얼마간의 배움으로 우쭐하거나 게을리하
면 그 배움은 들판의 작은 도랑물처럼 쉽게 말라 버린다. 늘 인생의 짧은 시간을 다투어
배우고 익혀서 날로 날로 정진해야 한다.

Gespräche
(Lun-yu)

Kapitel I

I,1 Konfuzius sprach: »Etwas lernen und sich immer wieder darin üben[1] – schafft das nicht auch Befriedigung?

Und wenn von fernher Gleichgesinnte kommen – ist das nicht auch ein Grund zur Freude?

Von den Menschen verkannt zu werden, ohne dabei Verbitterung zu spüren – ist das nicht auch eine Eigenschaft des Edlen?«

I,2 You-zi [ein Schüler des Konfuzius[2]] sprach: »Es gibt selten Menschen, die ihren Eltern mit Ehrfurcht, ihren älteren Brüdern mit Achtung begegnen[3] und die trotzdem gegen die Obrigkeit rebellieren wollen.

Das aber hat es noch nie gegeben: daß einer, der die Rebellion gegen die Obrigkeit nicht will, dennoch Aufruhr und Unordnung stiftet.

Dem Edlen geht es stets vor allem darum, dem Leben einen festen Grund zu geben. Ist der Grund gefestigt, eröffnet sich der rechte Weg.

Ehrfurcht gegenüber den Eltern und Achtung gegenüber den älteren Brüdern – das sind die Wurzeln der Sittlichkeit.«[4]

I,3 Konfuzius sprach: »Glatte Worte und heuchlerische Miene – da ist es mit einem guten Charakter[5] meist nicht weit her.«

랄프 모리츠(Ralf Moritz)의 『논어(論語)』 독일어 번역
(「학이편」 부분)

어진 자식일수록 더욱 가르쳐라

莊子曰 事雖小 不作 不成 子雖賢 不敎
不明

^장莊^자子^왈曰 ^사事^수雖^소小나 ^불不^작作이면 ^불不

^성成이요 ^자子^수雖^현賢이나 ^불不^교教면 ^불不^명明이니라

장자(莊子)가 말하기를, "일이 비록 작더라도 하지 않으면 이루지 못하고, 자식이 비록 어질지라도 가르치지 않으면 현명하지 못하느니라."하였다.

[문장쓰기]

莊子曰 事雖小나 不作이면 不

成이요 子雖賢이나 不教면 不明이니라

○ 장자(莊子, 기원전 약 365년~290년)

전국시대(戰國時代)의 사상가이며 이름은 주(周)이다. 사마천의 『사기(史記)』「장주열전(莊周列傳)」에 보면 양혜왕과 제선왕과의 동시대 사람이고 초나라 왕의 부름을 거절한 이야기가 나온다. 노자(老子)의 사상을 계승, 발전시켰고 『장자(莊子)』를 저술하였다.

[한자풀이]

○ 莊 (엄할 장, 艸〈艹·⺀〉 초두 부수 7획)

엄하다, 엄숙하다(色莊者乎^{색장자호}: 얼굴빛만<겉모양만> 엄숙한 사람인가?), 씩씩하다, 별장(山莊^{산장}: 산에 있는 별장), 성씨.

○ 子 (아들 자, 子 아들 자 부수 0획)

아들, 자식(아들과 딸), 씨앗, 열매(結子^{결자}: 열매를 맺다), 옛날에 제자가 스승에 대해 쓰던 존칭어(孔子^{공자}, 孟子^{맹자}, 朱子^{주자}).

○ 曰 (가로 왈, 曰 가로 왈 부수 0획)

말하다(曰可曰否^{왈가왈부}: 옳다 그르다하며 이러쿵저러쿵 말하다), 말씀하시다.

○ 事 (일 사, 亅 갈고리 궐 부수 7획)

일, 섬기다(事親以孝^{사친이효}: 어버이를 효로써 섬긴다).

○ 雖 (비록 수, 隹 새 추 부수 9획)

비록 ~하더라도, 비록 ~할지라도, 비록 ~나.

○ 小 (작을 소, 小 작을 소 부수 0획) ≒ 少 (적을, 젊을 소)

작다(小車^{소거}: 작은 수레, 小水合流曰川^{소수합류왈천}: 작은 물들이 합해서 흐르는 것을 '내'라고 한다), 작음.

○不 (아닐 불, 一 한 일 부수 3획)

아니다, 아니하다, 않다, 못하다.

○作 (지을 작, 人〈亻〉 사람 인 부수 5획)

짓다, 만들다, 창작하다(述而不作^{술이불작}: [옛 것을 익혀] 계승은 하되 창작하지는 아니했다), 일하다(日出而作 日入而息^{일출이작 일입이식}: 해가 뜨면 일을 하고, 해가 지면 쉰다).

【참고】述而不作은 공자(孔子)께서 자신의 사상과 학문의 자세를 말씀하신 것이다. 그 당시까지 전해오던 사상과 도덕규범, 문물제도 등을 집대성하고 더욱 체계화하여 유교 사상을 정립하였지만, 자신의 공을 내세우지 않으시고 겸손과 소박한 마음의 자세로 이렇게 말씀하신 것이다.

日出而作 日入而息은 옛날 요(堯) 임금 때에 천하가 태평하여, 이에 한 노인이 땅바닥을 두드리며 노래한 내용이다. "해가 뜨면 일을 하고 해가 지면 쉬도다. 샘을 파서 물마시고 밭을 갈아 밥 먹나니, 임금님의 은덕이 내게 무슨 소용이 있으리!".

○成 (이룰 성, 戈 창 과 부수 3획)

이루다, 이루어지다(大器晩成^{대기만성}: 큰 그릇은 늦게 이루어진다. 큰사람이 되기 위해서는 많은 노력과 시간이 필요하다는 뜻이다).

○賢 (어질 현, 貝 조개 패 부수 8획)

어질다, 현명하다(家有賢妻^{가유현처}: 집안에 현명한 아내가 있다), 어진 사람, 현인(賢人: 학문과 덕행의 뛰어남이 성인<聖人> 다음가는 사람).

○教 (가르칠 교, 攴〈攵〉 등글월 문 부수 7획)

가르치다(有教無類^{유교무류}: 가르침에 있어서는 분류가 없다. 배우고자 하는 의지만 있다면 누구든 신분이나 지위에 상관없이 가르쳐야 한다는 뜻이다. 공자<孔子>의 말씀이다), 가르침, ～하여금 ～하게 하다(사역의 뜻).

○明 (밝을 명, 日 날 일 부수 4획)

밝다, 밝음, 밝히다, 현명하다, 명나라(나라 이름).

[어구풀이]

○ **莊子曰**^{장자왈} : 장자가 말하였다. 이 글을 포함한 『명심보감』의 '莊子曰'이라 수록된 글들은 오늘날의 『장자』에는 모두 보이지 않는다. 출전의 의미를 떠나서 그 내용이 좋으니 마음에 꼭 새겨 두었으면 한다. 여기서 子는 스승에 대한 존칭의 뜻으로 사용하였다.

○ **事雖小**^{사수소} : 일이 비록 작더라도, 일이 비록 작을지라도, 일이 비록 작으나.

○ **不作**^{불작} : 짓지 않다, 하지 않다.

○ **不成**^{불성} : 이루지 못하다, 이루어지지 않다.

○ **子雖賢**^{자수현} : 자식이 비록 어질더라도, 자식이 비록 어질지라도, 자식이 비록 어지나.

○ **不教**^{불교} : 가르치지 않다.

○ **不明**^{불명} : 현명하지 못하다, 사리를 밝게 알지 못하다.

독서의 즐거움과 자식의 가르침

至樂 莫如讀書 至要 莫如敎子

至樂_은 莫如讀書_요 至要_는 莫

如教子_{니라}

지극한 즐거움은 책을 읽는 것 만한 것이 없고, 지극히 중요한 것은 자식을 가르치는 것 만한 것이 없느니라.

[문장쓰기]

至樂_은 莫如讀書_요 至要_는 莫

如教子_{니라}

[한자풀이]

○ 至 ^지 (이를 지, 조 이를 지 부수 0획)

이르다, 지극하다(至誠^{지성}이면 感天^{감천}이라: 지극한 정성으로 노력을 하면 하늘이 감동하여 도움을 준다는 뜻으로 우리나라 속담이다).

○ 樂 ^락 (즐거울 락 / 풍류, 음악, 풍악 악 / 좋아하다 요, 木 나무 목 부수 11획)

즐겁다(知足可樂^{지족가락}: 만족함을 알면 가히 즐거울 것이다), 풍류, 음악, 풍악(風樂: 종·북·피리·퉁소 등의 총칭), 좋아하다(知者樂水 仁者樂山^{지자요수 인자요산}: 지혜로운 사람은 물을 좋아하고, 어진 사람은 산을 좋아한다).

【참고】知者樂水 仁者樂山에서 知者와 仁者는 모두 군자(君子)를 뜻한다. 군자는 지혜롭고 어질기 때문이다. 따라서 이 구절은 '군자는 본질을 굳게 지키고 변하는 현상에 대해서는 슬기롭게 대처한다'는 의미를 함축한다.

○ 莫 ^막 (없을, ~하지 말라 막 / 저물, 저녁 모, 艸〈艹·⺿〉 초두 부수 7획)

없다(罪莫大於不孝^{죄막대어불효}: 죄가 불효보다 큰 것은 없다), 더할 수 없이(莫强^{막강}: 더 할 수 없이 강하다), ~하지 말라(莫談他短^{막담타단}: 다른 사람의 단점을 말하지 말라), 저물다, 저녁.

○ 如 ^여 (같을 여, 女 계집 녀 부수 3획)

같다, 만일 ~한다면(王如知此^{왕여지차}: 왕께서 만약 이 점을 아신다면), 가다(如日本^{여일본}: 일본에 가다).

○ 讀 ^독 (읽을 독 / 이두, 구두 두, 言 말씀 언 부수 15획)

읽다, 이두, 구두.

【이두(吏讀)】옛날 한자의 음과 뜻을 빌어서 우리나라 말을 표기하는 데 쓰던 문자이다. 예) 隱: 은, 는. 乙: 을, 를. 無去乙: 없거늘.

【구두(句讀)】한문을 올바르게 해석하기 위하여 또 책을 편하게 읽기 위하여 구절과 구절 사이에 찍는 점을 말한다.

○ 書^서 (글 서, 曰 가로 왈 부수 6획) ≒ (晝 낮 주 / 畫 그림 화)

글, 책, 편지(書札^{서찰}), 글씨(書藝^{서예}), 서경(書經: 중국에서 가장 오래된 역사서).

○ 要^요 (종요로울 요, 襾〈西·襾〉 덮을 아 부수 3획)

종요롭다(없어서는 안 될 만큼 매우 중요하다), 요긴하다, 요구하다, 바라다(若要人重我^{약요인중아}: 만약 남이 나를 소중히 여겨주길 바란다면).

○ 教^교 (가르칠 교, 攴〈攵〉 등글월 문 부수 7획)

가르치다(有教無類^{유교무류}: 가르침에 있어서는 분류가 없다. 배우고자 하는 의지만 있다면 누구든 신분이나 지위에 상관없이 가르쳐야 한다는 뜻이다. 공자〈孔子〉의 말씀이다), 가르침, ～하여금 ～하게 하다(사역의 뜻).

○ 子^자 (아들 자, 子 아들 자 부수 0획)

아들, 자식(아들과 딸), 씨앗, 열매(結子^{결자}: 열매를 맺다), 옛날에 제자가 스승에 대해 쓰던 존칭어(孔子^{공자}, 孟子^{맹자}, 朱子^{주자}).

[어구풀이]

○ 至樂^{지락} : 지극한 즐거움, 지극히 즐거운 것.

○ 莫如^{막여}～ : ～만한 것이 없다, ～보다 더한 것이 없다.

○ 讀書^{독서} : 글을 읽다, 책을 읽다.

○ 至要^{지요} : 지극히 중요함, 지극히 중요한 것.

○ 教子^{교자} : 자식을 가르치다.

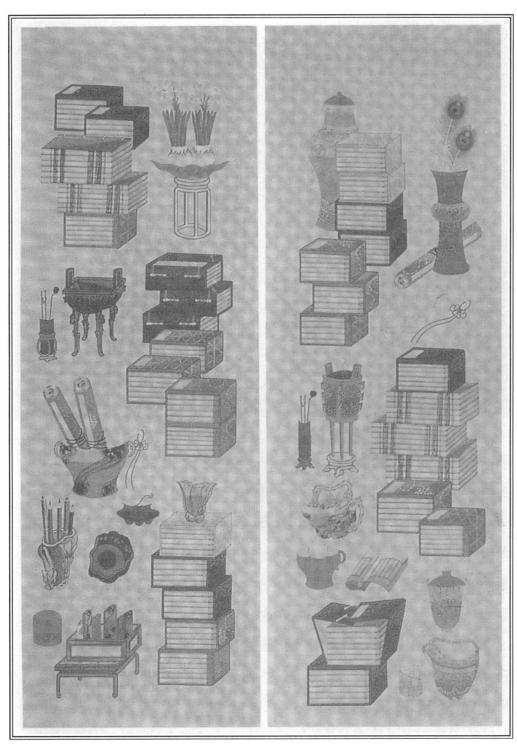

서가도(書架圖, 조선 왕실의 장식용 그림)
(서울, 궁중 유물 전시관 소장)

나는 자손이 부유해지기보다
현명해지기 바란다

明心
寶鑑

人皆愛珠玉 我愛子孫賢

인 개 애 주 옥　　　　아 애 자 손 현
人皆愛珠玉이나　我愛子孫賢이니라

사람들은 모두 구슬과 옥을 좋아하지만, 나는 자손이 현명해지는 것을 [더] 좋아하느니라.

[문장쓰기]

인 개 애 주 옥　　　　아 애 자 손 현
人皆愛珠玉이나　我愛子孫賢이니라

[한자풀이]

○人 (사람 인, 人〈亻〉 사람 인 부수 0획)

사람, 남, 다른 사람(我敬人親　人敬我親^{아경인친 인경아친}: 내가 다른 사람의 부모를 공경하면, 다른 사람도 내 부모를 공경한다), 사람대접하다(人其人^{인기인}: 그 사람을 사람대접하다).

○皆 (다 개, 白 흰 백 부수 4획)

다, 모두.

○愛 (사랑할 애, 心〈忄·㣺〉 마음 심 부수 9획)

사랑하다, 사랑, 좋아하다, 아끼다(孝子愛日^{효자애일}: 효자는 [부모 섬길] 날을 아낀다).

【참고】孝子愛日은 효자가 세월이 흘러 어버이가 늙어가는 것을 애석해하여 부모 섬

기는 하루하루의 시간을 아낀다는 말이다.

○ 珠^주 (구슬 주, 玉〈王〉 구슬 옥 부수 6획)

구슬(珠簾^{주렴}: 구슬로 꾸민 발).

○ 玉^옥 (구슬 옥, 玉〈王〉 구슬 옥 부수 0획) ≒ (王 임금 왕 / 主 주인 주 / 壬 아홉째 천간 임)

구슬, 옥(玉工^{옥공}: 옥을 다루는 기술자, 美玉^{미옥}: 아름다운 옥).

○ 我^아 (나 아, 戈 창 과 부수 3획) = (吾 나 오 / 余 나 여 / 予 나 여)

나, 나의(三人行則必有我師焉^{삼인행즉필유아사언}: 세 사람이 [함께] 길을 가게 되면 그 속에 반드시 나의 스승이 있다), 내.

【참고】 여기서 三人은 나보다 나은 사람, 나보다 못한 사람 그리고 나 자신을 가리킨다.

○ 子^자 (아들 자, 子 아들 자 부수 0획)

아들, 자식(아들과 딸), 씨앗, 열매(結子^{결자}: 열매를 맺다), 옛날에 제자가 스승에 대해 쓰던 존칭어(孔子^{공자}, 孟子^{맹자}, 朱子^{주자}).

○ 孫^손 (손자 손, 子 아들 자 부수 7획)

손자, 자손, 후손.

○ 賢^현 (어질 현, 貝 조개 패 부수 8획)

어질다, 현명하다(家有賢妻^{가유현처}: 집안에 현명한 아내가 있다), 어진 사람, 현인(賢人: 학문과 덕행의 뛰어남이 성인<聖人> 다음가는 사람).

[어구풀이]

○ 人皆^{인개} : 사람들은 모두, 남들은 모두.

○ 愛^애 : 사랑하다, 좋아하다.

○ 珠玉^{주옥} : 구슬과 옥. 세상 사람들이 진귀하게 생각하고 갖고 싶어 하는 재물을 비유한 말이다.

○ 子孫^{자손} : 자식과 손자, 자손.

24선 明心寶鑑

과거 속에서 미래를 찾자

欲知未來 先察已然

^욕 ^지 ^미 ^래   ^선 ^찰 ^이 ^연
欲知未來어든   先察已然이니라

미래를 알고자 하거든 먼저 지나간 일을 유심히 살필지니라.

[문장쓰기]

^욕 ^지 ^미 ^래   ^선 ^찰 ^이 ^연
欲知未來어든   先察已然이니라

[한자풀이]

○欲 (하고자 할 욕, 欠 하품 흠 부수 7획)

　　～하고자 하다, ～하려고 하다.

○知 (알 지, 矢 화살 시 부수 3획)

　　알다, 앎, 지식, 슬기, 지혜(智), 지혜롭다.

○未 (아닐 미, 木 나무 목 부수 1획)

　　～아니다, ～못하다, 아직 ～하지 않다. 부정을 나타낸다.

○來 (올 래, 人〈亻〉 사람 인 부수 6획) ↔ 往 (갈 왕)

　　오다(寒來暑往^{한래서왕}: 추위가 오면 더위는 간다), 앞으로 오게 될 일.

○ 先 (먼저 선, 儿 어진 사람 인 부수 4획)

먼저(先約^{선약}: 먼저 맺은 약속), 앞(先見之明^{선견지명}: 앞을 내다보는 밝음).

○ 察 (살필 찰, 宀 갓머리 부수 11획)

(어떤 사물이나 일에 대해 유심히) 살피다, 살펴보다.

【참고】 觀(자세히 살펴서 볼 관)과 省(세밀하게 살펴서 볼 성)도 察과 같은 뜻으로 쓰인다.

○ 已 (이미 이, 己 몸 기 부수 0획) ≒ (己 몸 기 / 巳 뱀 사)

이미, 그만두다(學不可以已^{학불가이이}: 배움은 [중도에서] 그만두어서는 안 된다), 매우, 너무(疾之已甚^{질지이심}: 미워함이 너무 심하다), ～일 뿐이다, ～일 따름이다.

【참고】 學不可以已에서 不可以는 '～할 수 없다, ～하면 안 된다'는 뜻이다.

○ 然 (그러할 연, 火〈灬〉 불 화 부수 8획)

그러하다(然後^{연후}: 그러한 뒤), 그렇다, 맞다, 옳다(子曰 然有是言也^{자왈 연유시언야}: 공자께서 말씀하시기를, "그렇다, 이런 말이 있다."하셨다), 그러나, 문장의 끝을 나타내는 어조사.

[어구풀이]

○ 欲知^{욕지}～ : ～을 알고자 하다, ～을 알려고 하다.

○ 未來^{미래} : 아직 오지 않은 일, 미래. 여기서 未는 '아직 ～ 하지 않다'라는 뜻이다.

○ 先察^{선찰} : 먼저 유심히 살펴보다, 먼저 잘 살펴보다.

○ 已然^{이연} : 이미 그러했던 사실, 이미 지나간 일.

괘거는 오늘의 거울이다

子曰 明鏡 所以察形 往古 所以知今

^자子^왈曰 ^명明^경鏡_은 ^소所^이以^찰察^형形_{이요} ^왕往

^고古_는 ^소所^이以^지知^금今_{이니라}

공자(孔子)께서 말씀하시기를, "밝은 거울은 모양을 살피는 도구가 되고, 옛날의 일은 오늘을 아는 바탕이 되느니라."하셨다.

[문장쓰기]

子曰 明鏡은 所以察形이요 往

古는 所以知今이니라

[인물과 책명]

○ 공자(孔子, 기원전 551년~479년)

유교(儒敎)의 정립자이며 인류 역사의 3대 성인(聖人) 가운데 한 분이시다. 이름은 구(丘), 자는 중니(仲尼)이다. 유교의 대표 경전이며 인류의 영원한 베스트셀러인 『논어(論語)』는 공자가 세상을 떠난 뒤에 제자들이 그의 언행을 소중히 모아 엮은 책이다.

[한자풀이]

○ 子 (아들 자, 子 아들 자 부수 0획)

아들, 자식(아들과 딸), 씨앗, 열매(結子^{결자}: 열매를 맺다), 옛날에 제자가 스승에 대해 쓰던 존칭어(孔子^{공자}, 孟子^{맹자}, 朱子^{주자}).

○ 曰 (가로 왈, 曰 가로 왈 부수 0획)

말하다(曰可曰否^{왈가왈부}: 옳다 그르다하며 이러쿵저러쿵 말하다), 말씀하시다.

○ 明 (밝을 명, 日 날 일 부수 4획)

밝다, 밝음, 밝히다, 현명하다(子雖賢 不敎不明^{자수현 불교불명}: 자식이 비록 어질지라도 가르치지 않으면 현명하지 못하다), 명나라(나라 이름)

○ 鏡 (거울 경, 金 쇠 금 부수 11획)

거울(明鏡止水^{명경지수}: 밝은 거울과 조용한 물이란 뜻으로 너무나 깨끗하고 흔들림이 없는 고요한 마음을 가리킨다. 명경지수와 같은 마음이라야 세상만사를 있는 그대로 정확하게 꿰뚫어 볼 수가 있다).

○ 所 (바 소, 戶 지게 호 부수 4획)

~한 바, ~한 것, 곳(場所^{장소}).

○ 以 (써 이, 人〈亻〉 사람 인 부수 3획)

~으로써(재료·수단·방법), ~으로서(신분·자격), ~때문에(以其有五倫也^{이기유오륜야}: 그 오륜이 있기 때문이다), ~에(以十月祭天^{이십월제천}: 시월에 하늘에 제사지내다, 余以七月七日返^{여이칠월칠일반}: 나는 7월 7일에 돌아오겠다), 매우, 너무(陶以寡^{도이과}: 도자기가 너무 적다).

○ 察 (살필 찰, 宀 갓머리 부수 11획)

(어떤 사물이나 일에 대해 유심히) 살피다, 살펴보다.

【참고】觀(자세히 살펴서 볼 관)과 省(세밀하게 살펴서 볼 성)도 察과 같은 뜻으로 쓰인다.

○ 形^형 (모양 형, 彡 터럭 삼 부수 4획) ≒ 刑 (형벌 형)

모양, 모습, 나타나다, 드러나다(形於外^{형어외}: 밖으로 드러나다).

○ 往^왕 (갈 왕, 彳 두인변 부수 5획) ↔ 來 (올 래)

가다(寒來暑往^{한래서왕}: 추위가 오면 더위는 간다), 옛날, 예전, 지나간 일, 이따금, 때
때로(往往^{왕왕}).

○ 古^고 (옛 고, 口 입 구 부수 2획)

옛, 옛날(古之聖人^{고지성인}: 옛날의 성인, 古之君子^{고지군자}: 옛날의 군자), 예전, 지나간 일.

○ 知^지 (알 지, 矢 화살 시 부수 3획)

알다, 앎, 지식, 슬기, 지혜(智), 지혜롭다.

○ 今^금 (이제 금, 人〈亻〉 사람 인 부수 2획)

이제, 지금, 오늘(今之衆人^{금지중인}: 오늘날의 많은 사람들), 현재.

[어구풀이]

○ 子曰^{자왈} : 공자(孔子)께서 말씀하셨다. 여기서 子는 공자를 가리킨다. 스승에 대한 존칭
의 뜻으로 사용하였다.

○ 明鏡^{명경} : 밝은 거울.

○ 所以^{소이}~ : ~하는 까닭·이유, ~하는 바탕·근거·도구를 나타낸다.

○ 察形^{찰형} : 모양을 유심히 살피다, 모양을 잘 살피다.

○ 往古^{왕고} : 옛날, 예전, 옛날의 일, 예전의 일, 지나간 일.

○ 知今^{지금} : 오늘을 알다, 현재를 알다.

26선 明心寶鑑

사람의 마음은 알기 어렵다

海枯終見底 人死不知心

^해海^고枯^종終^견見^저底나 ^인人^사死^불不^지知^심心이니라

바다는 마르면 마침내 밑바닥을 볼 수 있으나, 사람은 죽어도 그 마음을 알지 못하느니라.

[문장쓰기]

^해海^고枯^종終^견見^저底나 ^인人^사死^불不^지知^심心이니라

[한자풀이]

○海 (바다 해, 水〈氵·氺〉 물 수 부수 7획)

　　바다(河海^{하해}: 강과 바다, 井蛙不知海^{정와불지해}: 우물 안 개구리 바다 넓은지를 모른다. 보고 들음이 적어서 세상의 돌아가는 일을 잘 모르는 사람을 비유한 속담이다), 바닷물.

○枯 (마를 고, 木 나무 목 부수 5획)

　　마르다(枯木^{고목}: 말라 죽은 나무, 마른 나무).

○終 (마칠 종, 糸〈糹〉 실 사 부수 5획)

　　마치다, 끝나다, 마침, 끝, 죽음, 임종, 마침내, 결국은.

○見 (볼 견 / 나타날, 뵐 현, 見 볼 견 부수 0획)

보다, 나타나다(讀書百遍義自見^{독서백편의자현}: 책을 백 번 읽으면 뜻이 저절로 나타난다), 뵙다(謁見^{알현}: [지체 높은 분을] 뵙다).

○底 (밑 저, 广 엄호 부수 5획)

밑, 밑바닥, ~한, ~하는(天下無不是底父母^{천하무불시저부모}: 천하에 옳지 않은 부모는 없다).

○人 (사람 인, 人〈亻〉 사람 인 부수 0획)

사람, 남, 다른 사람(我敬人親 人敬我親^{아경인친 인경아친}: 내가 다른 사람의 부모를 공경하면, 다른 사람도 내 부모를 공경한다), 사람대접하다(人其人^{인기인}: 그 사람을 사람대접하다).

○死 (죽을 사, 歹〈歺〉 죽을 사 부수 2획)

죽다, 죽음(戰方急 愼勿言我死^{전방급 신물언아사}: 전쟁이 바야흐로 급하니 삼가 나의 죽음을 말하지 말라), 죽이다.

【참고】 戰方急 愼勿言我死는 충무공 이순신께서 노량대첩 때 적의 탄환을 맞고 순국하면서 남긴 마지막 유언이다. 이때 큰 형님의 조카 '이완'과 맏아들 '이회'도 충무공의 휘하에서 전쟁에 참가하고 있었는데, 죽음을 알리지 않고 끝까지 싸움을 독려하였다.

○不 (아닐 불, 一 한 일 부수 3획)

아니다, 아니하다, 않다, 못하다.

○知 (알 지, 矢 화살 시 부수 3획)

알다, 앎, 지식, 슬기, 지혜(智), 지혜롭다.

○心 (마음 심, 心〈忄·㣺〉 마음 심 부수 0획)

마음(良心^{양심}: [사람으로서 마땅히 가져야 할] 바르고 착한 마음).

[어구풀이]

○ 海枯^{해고} : 바다가 마르다, 바닷물이 마르다.

○ 終^종 : 마침내, 결국은.

○ 見底^{견저} : 밑바닥을 보다.

○ 人死^{인사} : 사람이 죽다.

○ 不知心^{불지심} : 마음을 알지 못하다, [끝내] 그 마음을 알지 못하다.

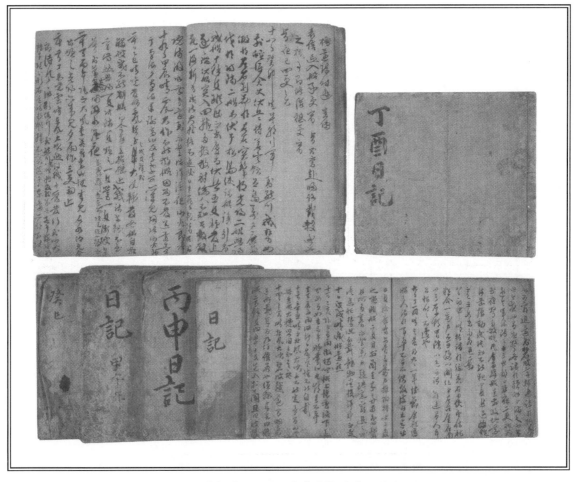

충무공 이순신(李舜臣)의 『난중일기(亂中日記)』
(아산, 현충사 소장, 국보 제76호)

『난중일기』는 충무공 이순신께서 임진왜란이 일어난 해인 임진년(1592년)부터 무술년(1598년)까지 7년간의 전쟁을 기록한 일기이다. 임진왜란 와중의 충무공의 깊은 고뇌와 문학적 깊이를 되새길 수 있는 귀한 역사자료이다.

경험이 쌓이면 지혜가 는다

不經一事 不長一智

^불不 ^경經 ^일一 ^사事면 ^불不 ^장長 ^일一 ^지智니라

한 가지 일을 경험하지 않으면 한 가지 지혜가 생기지 않느니라.

[문장쓰기]

^불不 ^경經 ^일一 ^사事면 ^불不 ^장長 ^일一 ^지智니라

[한자풀이]

○ ^불不 (아닐 불, 一 한 일 부수 3획)

아니다, 아니하다, 않다, 못하다.

○ ^경經 (글 경, 糸〈糹〉 실 사 부수 7획)

글, 글월, 날실, 날줄(베나 모시를 짤 때 세로로 놓인 줄), 경전(經典), 경서(經書), 경험하다, 겪다.

【참고】 經은 날줄인데 베나 모시를 짤 때 세로로 놓인 줄을 말한다. 반대로 위(緯)는 씨줄인데 가로로 놓인 줄을 말한다. 날줄만 있고 씨줄이 없다거나 씨줄만 있고 날줄이 없으면 베나 모시를 짜지 못한다. 이것은 음(陰)이 있으면 양(陽)이 있고, 양이 있으면 음이 있는 것과 같다.

○ **一** ^일 (한 일, 一 한 일 부수 0획)

하나, 첫째, 한 번, 통일하다(孰能一天下^{숙능일천하}: 누가 능히 천하를 통일하겠습니까?).

○ **事** ^사 (일 사, 亅 갈고리 궐 부수 7획)

일, 섬기다(事親以孝^{사친이효}: 어버이를 효로써 섬긴다).

○ **長** ^장 (길 장, 長〈镸〉 길 장 부수 0획)

길, 어른, 맏(長子^{장자}: 맏아들), 장점, 좋은 점, 많다(年長^{연장}: 나이가 많다), 자라다
(木之長^{목지장}: 나무가 자라다), 기르다.

○ **智** ^지 (슬기 지, 日 날 일 부수 8획)

슬기, 지혜, 슬기롭다, 지혜롭다.

[어구풀이]

○ **不經**^{불경} : 경험하지 않다, 겪지 않다.

○ **一事**^{일사} : 한 가지 일.

○ **不長**^{불장} : 자라지 않다, 늘지 않다. 여기서 長은 '지식이나 지혜가 자라다, 늘어나다'의
뜻이다.

○ **一智**^{일지} : 한 가지 슬기, 한 가지 지혜.

28선 明心寶鑑

복과 권세는 스스로 아껴두어라

有福莫享盡 福盡身貧窮 有勢莫使盡
勢盡冤相逢 福兮常自惜 勢兮常自恭
人生驕與侈 有始多無終

有^복福莫享盡하라 福盡身貧窮이요

有勢莫使盡하라 勢盡冤相逢이니라

福兮常自惜하고 勢兮常自恭하라

人生驕與侈는 有始多無終이니라

복이 있어도 [결코] 누리기를 다하지 말라. 복이 다하면 몸이 빈궁해질 것이요, 권세가 있어도 [결코] 다 써버리지 말라. 권세가 다하면 원수와 서로 만나느니라. 복이 있거든 항상 스스로 아끼고, 권세가 있거든 항상 스스로 공손해라. 인생에서 교만과 사치는 처음은 있으나 끝이 없는 경우가 많으니라.

有福莫享盡하라　福盡身貧窮이요

有勢莫使盡하라　勢盡冤相逢이니라

福兮常自惜하고　勢兮常自恭하라

人生驕與侈는　有始多無終이니라

○有 (있을 유, 月 달 월 부수 2획)

있다, 어떤(특별히 가리키는 대상은 없다, 有民兄弟유민형제: 어떤 백성의 형제), 다시,
또(終則有始 天行也종즉유시 천행야: 끝나면 또 시작하는 것이 하늘의 운행이다), 문장
의 어조를 고르게 할 때.

○福 (복 복, 示〈礻〉 보일 시 부수 9획)

복, 행복(五福오복: 다섯 가지 복).

【참고】五福은 오래살고(壽수), 부유하며(富부), 건강하고(康寧강녕), 덕을 닦고(攸好
德유호덕), 편안히 죽음을 맞는 것(考終命고종명)을 말한다. 사람이 살면서 누구나 누리
고픈 소망이다.

○莫 ^막(없을, ~하지 말라 막 / 저물, 저녁 모, 艸〈艹·艹〉초두 부수 7획)

없다(罪莫大於不孝^{죄막대어불효}: 죄가 불효보다 큰 것은 없다), 더할 수 없이(莫强^{막강}: 더 할 수 없이 강하다), ~하지 말라(莫談他短^{막담타단}: 다른 사람의 단점을 말하지 말라), 저물다, 저녁.

○享 ^향(누릴 향, 亠 돼지해밑 부수 6획) ≒ 亨 (형통할 형)

누리다(享年^{향년}: 한평생 누린 나이), 제향을 올리다, 제사 지내다.

○盡 ^진(다할 진, 皿 그릇 명 부수 9획)

다하다(盡力^{진력}: 있는 힘을 다하다, 不盡^{불진}: 다함이 없다, 끝이 없다), 다, 모두.

○身 ^신(몸 신, 身 몸 신 부수 0획) = 躬 (몸, 자신, 몸소 궁)

몸, 자신, 몸소.

【참고】躬은 '사람의 몸'만을 가리키지만, 身은 사람의 몸 이외에도 사물의 몸체를 가리키기도 한다.

○貧 ^빈(가난할 빈, 貝 조개 패 부수 4획)

가난하다, 가난.

○窮 ^궁(다할 궁, 穴 구멍 혈 부수 10획)

다하다(無窮^{무궁}: 다함이 없다, 끝이 없다), 가난하다, 궁하다.

○勢 ^세(형세 세, 力 힘 력 부수 11획)

형세, 기세, 세력, 권세.

○使 ^사(부릴 사, 人〈亻〉사람 인 부수 6획)

부리다, ~하여금 ~하게 하다(사역의 뜻, 天帝使我長百獸^{천제사아장백수}: 천제께서 나로 하여금 온갖 짐승의 우두머리 노릇을 하게 하셨다), 사신(使臣: 임금이나 나라의 명령으로 외국에 심부름을 가는 신하).

○冤 ^원(원통할 원, 冖 민갓머리 부수 8획)

원통하다, 억울하다, 원한, 원수.

○相 (서로 상, 目 눈 목 부수 4획)

서로, ~를 돕다, 재상, 정승(相公^{상공}: 정승의 높임말, 得相^{득상}: 정승을 얻다), 관상
(相逐心生^{상축심생}: 관상은 마음을 따라 생겨난다), 관상을 보다.

○逢 (만날 봉, 辵⟨辶·⻌⟩ 책받침 부수 7획)

만나다(山中也有千年樹 世上難逢百歲人^{산중야유천년수 세상난봉백세인}: 산속에는 그래도 천
년 묵은 나무가 있지만, 세상에는 백 년 산 사람을 만나기가 어렵다), 마주치다.

【참고】봉(逢)·우(遇)·조(遭)는 모두 '만나다'의 뜻이지만 미세한 차이가 있다. 봉
(逢)은 일반적인 만남의 뜻이고, 우(遇)는 우연히 서로 만나다의 뜻으로 자주 사용
하고, 조(遭)는 나쁜 일을 당했을 때 비교적 많이 사용한다.

○兮 (어조사 혜, 八 여덟 팔 부수 2획)

문장의 호흡을 고르거나 글자 수를 맞출 때 쓰이는 어조사.

○常 (항상 상, 巾 수건 건 부수 8획)

항상(萬古常靑^{만고상청}: 오랜 세월에 변함없이 항상 푸르다), 늘, 언제나.

○自 (스스로 자, 自 스스로 자 부수 0획)

스스로, 저절로, 몸소, 자기(自國^{자국}: 자기의 나라), ~부터(自昏至夜^{자혼지야}: 저녁부
터 밤까지, 自始至終^{자시지종}: 처음부터 끝까지).

○惜 (아낄 석, 心⟨忄·㣺⟩ 마음 심 부수 8획)

아끼다, 아깝게 여기다, 애틋해하다(惜別^{석별}: 이별을 애틋해하다).

○恭 (공손할 공, 心⟨忄·㣺⟩ 마음 심 부수 6획)

공손하다, 공손히 하다.

【참고】恭과 敬(공경할 경)은 모두 공경하여 예모(禮貌)를 갖추는 것을 뜻하지만,
恭은 존경하는 태도가 밖으로 드러나는 것이고, 敬은 마음속에 나타나는 것이다.

○人 (사람 인, 人⟨亻⟩ 사람 인 부수 0획)

사람, 남, 다른 사람(我敬人親 人敬我親^{아경인친 인경아친}: 내가 다른 사람의 부모를 공
경하면, 다른 사람도 내 부모를 공경한다), 사람대접하다(人其人^{인기인}: 그 사람을 사

람대접하다).

○ 生^생 (날 생, 生 날 생 부수 0획)

나다, 태어나다, 낳다(父生我身 母鞠吾身^{부생아신 모국오신}: 아버지는 내 몸을 낳으시고, 어머니는 내 몸을 기르셨다), 살다(生存^{생존}: 살아 있다), 삶.

○ 驕^교 (교만할 교, 馬 말 마 부수 12획)

교만하다, 남을 깔보다, 교만.

○ 與^여 (더불어 여, 臼 절구 구 부수 7획)

더불어, ~와 함께, ~와(과)(我與汝^{아여여}: 나와 너), 주다(與人勿追悔^{여인물추회}: 남에게 주었으면 뒤에 뉘우치지 말아라).

○ 侈^치 (사치할 치, 人〈亻〉 사람 인 부수 6획) = 奢 (사치할 사)

사치하다(勿侈^{물치}: 사치하지 말라), 사치스럽다, 사치.

○ 始^시 (비로소 시, 女 계집 녀 부수 5획)

비로소, 처음, 시작.

○ 多^다 (많을 다, 夕 저녁 석 부수 3획) ↔ 少 (적을, 젊을 소)

많다(多多益善^{다다익선}: 많으면 많을수록 더욱 좋다), 대부분.

○ 無^무 (없을 무, 火〈灬〉 불 화 부수 8획)

없다, ~하지 말라(無敢自專^{무감자전}: 감히 스스로 제멋대로 하지 말라), ~해서는 안 된다.

○ 終^종 (마칠 종, 糸〈糸〉 실 사 부수 5획)

마치다, 끝나다, 마침, 끝, 죽음, 임종, 마침내, 결국은.

[어구풀이]

○ **有福**^{유복} : 복이 있다.

○ **莫享盡**^{막향진} : [결코] 누리기를 다하지 말라. 여기서 莫은 '[결코] ~하지 말라'는 금지의 뜻이다.

○ **福盡**^{복진} : 복이 다하다.

○ **身貧窮**^{신빈궁} : 몸이 가난해지다, 몸이 빈궁해지다.

○ **有勢**^{유세} : 권세가 있다.

○ **莫使盡**^{막사진} : [결코] 다 써버리지 말라. 여기서 使盡은 '다 써버리다'의 뜻이다.

○ **勢盡**^{세진} : 권세가 다하다.

○ **冤相逢**^{원상봉} : 원수와 서로 만나다.

○ **福兮**^{복혜} : 복이 있을 때에. 兮는 글자 수를 맞추는 정도의 의미로 사용되었다.

○ **常自惜**^{상자석} : 항상 스스로 아끼다.

○ **勢兮**^{세혜} : 권세가 있을 때에. 兮는 글자 수를 맞추는 정도의 의미로 사용되었다.

○ **常自恭**^{상자공} : 항상 스스로 공손하다.

○ **人生**^{인생} : 사람이 살다가, 사람이 살면서, 인생에서.

○ **驕與侈**^{교여치} : 교만과 사치. 여기서 與는 '~와(과)'의 뜻이다.

○ **有始**^{유시} : 처음은 있다, 처음이 있다.

○ **多無終**^{다무종} : 끝이 없음이 많다, 대부분 끝이 없다.

재물보다 더 좋은 것은
덕 있는 사람의 한 마디 말

明心寶鑑

黃金千兩 未爲貴 得人一語 勝千金

黃^황金^금千^천兩^량이　未^미爲^위貴^귀요　得^득人^인一^일

語^어가　勝^승千^천金^금이니라

황금 천량이 귀한 것이 아니고, [어진] 사람의 [좋은] 한 마디 말을 얻는 것이 천금보다 나
으니라.

[문장쓰기]

黃^황金^금千^천兩^량이　未^미爲^위貴^귀요　得^득人^인一^일

語^어가　勝^승千^천金^금이니라

○ 黃^황 (누를 황, 黃 누를 황 부수 0획)

누렇다(天地玄黃^{천지현황}: 하늘은 검고 땅은 누렇다).

【참고】 하늘이 검다(玄)는 것은 아득하고 신비스럽다는 의미이다.

○ 金^금 (쇠, 황금 금 / 성씨 김, 金 쇠 금 부수 0획)

쇠, 황금, 성씨.

【참고】 지명일 때는 '김' 또는 '금'으로 읽는다. 예) 金泉: 김천, 金溪里: 금계리.

○ 千^천 (일천 천, 十 열 십 부수 1획)

일천, 천 번. 千은 백(百)의 열 배인 일천(一千)을 뜻하지만, 주로 '많다, 온갖, 모든'의 뜻으로 쓰인다.

○ 兩^량 (두 량, 入 들 입 부수 6획)

두, 둘, 짝, 량(무게의 단위), 냥(우리나라 옛날 돈의 단위).

○ 未^미 (아닐 미, 木 나무 목 부수 1획)

~아니다, ~못하다, 아직 ~하지 않다. 부정을 나타낸다.

○ 爲^위 (할 위, 爪〈爫〉손톱 조 부수 8획)

하다, 되다, 위하여(爲民^{위민}: 백성을 위하여), ~때문에(親疎爲錢^{친소위전}: 친한 사이가 멀어지는 것은 돈 때문이다).

○ 貴^귀 (귀할 귀, 貝 조개 패 부수 5획)

귀하다, 지위가 높다.

○ 得^득 (얻을 득, 彳 두인변 부수 8획) ↔ 失 (잃을 실)

얻다, 이익, 이득, ~할 수 있다(得忍且忍^{득인차인}: 참을 수 있으면 또 참아라).

○ 人^인 (사람 인, 人〈亻〉사람 인 부수 0획)

사람, 남, 다른 사람(我敬人親 人敬我親^{아경인친 인경아친}: 내가 다른 사람의 부모를 공경하면, 다른 사람도 내 부모를 공경한다), 사람대접하다(人其人^{인기인}: 그 사람을 사람대접하다).

○ 一^일 (한 일, 一 한 일 부수 0획)

　　하나, 첫째, 한 번, 통일하다(孰能一天下^{숙능일천하}: 누가 능히 천하를 통일하겠습니까?).

○ 語^어 (말씀 어, 言 말씀 언 부수 7획)

　　말씀, 말(晝語雀聽 夜語鼠聽^{주어작청 야어서청}: 낮말은 새가 듣고, 밤말은 쥐가 듣는다. 아무도 없는 데서 한 말이라도 남의 귀에 들어감을 비유한 우리나라 속담이다), 말하다.

○ 勝^승 (이길 승, 力 힘 력 부수 10획)

　　이기다(勝者^{승자}: 이긴 사람, 必勝^{필승}: 반드시 이기다), 뛰어나다, 좋다(勝地^{승지}: 경치가 좋은 곳).

[어구풀이]

　○ 黃金千兩^{황금천량} : 황금 천 량. 많은 돈이나 재물을 뜻한다.

　○ 未爲貴^{미위귀} : 귀한 것이 아니다, 귀중한 것이 아니다. 여기서 爲는 뒤의 貴와 결합하여 '귀하다, 귀중하다'의 뜻을 이룬다.

　○ 得人一語^{득인일어} : [어진] 사람의 [좋은] 한 마디 말을 얻다.

　○ 勝千金^{승천금} : 천금을 이기다. 즉, 황금 천량보다 낫다는 뜻이다.

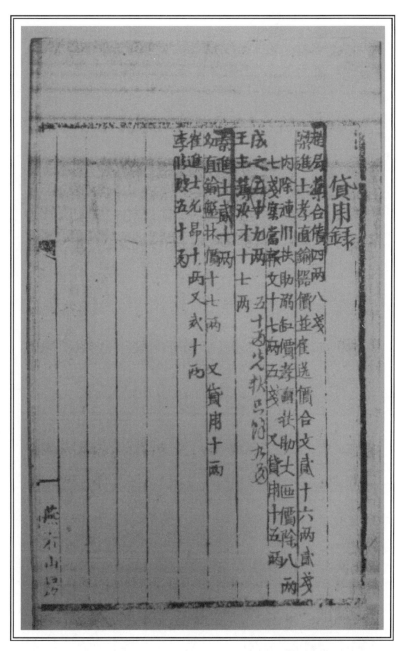

연암 박지원(朴趾源) 선생이 직접 쓴 빚장부 『대용록(貸用錄)』

조약국의 약값 빚이 도합 4냥 8전. 진사 양호직의 놋그릇 값과 심부름꾼 배송비가 도합 26냥 2전. 이중 연천에 부조한 요강 값과 효직에게 부조한 대야 값을 제하면 8냥 7전이니 이를 빼고 나면 실제로 갚아야 할 돈은 17냥 5전. 다시 15냥을 꾸었다. 성지 59냥. 50냥은 먼저 갚고 9냥만 남았다. 주부 양여재 17냥. 진진사 20냥. 유직 놋쇠 반상 값 17냥. 다시 10냥을 꾸었다. 진사 최윤앙 10냥. 또 20냥. 이임피 50냥.

가난과 시련은
선비의 걱정거리가 아니다

明心寶鑑

子曰 士志於道而恥惡衣惡食者
未足與議也

子曰 士志於道而恥惡衣惡食
者는 未足與議也니라

공자(孔子)께서 말씀하시기를, "선비가 도(道)에 뜻을 두고서 나쁜 옷과 나쁜 음식을 부끄러워하는 자와는 더불어 [도를] 의논할 수가 없느니라."하셨다.

[문장쓰기]

子曰 士志於道而恥惡衣惡食
者는 未足與議也니라

[인물과 책명]

○ 공자(孔子, 기원전 551년~479년)

유교(儒敎)의 정립자이며 인류 역사의 3대 성인(聖人) 가운데 한 분이시다. 이름은 구(丘), 자는 중니(仲尼)이다. 유교의 대표 경전이며 인류의 영원한 베스트셀러인 『논어(論語)』는 공자가 세상을 떠난 뒤에 제자들이 그의 언행을 소중히 모아 엮은 책이다.

[한자풀이]

○ **子** (아들 자, 子 아들 자 부수 0획)

아들, 자식(아들과 딸), 씨앗, 열매(結子^{결자}: 열매를 맺다), 옛날에 제자가 스승에 대해 쓰던 존칭어(孔子^{공자}, 孟子^{맹자}, 朱子^{주자}).

○ **曰** (가로 왈, 曰 가로 왈 부수 0획)

말하다(曰可曰否^{왈가왈부}: 옳다 그르다하며 이러쿵저러쿵 말하다), 말씀하시다.

○ **士** (선비 사, 士 선비 사 부수 0획)

선비, 학문에 뜻을 둔 사람.

○ **志** (뜻 지, 心〈忄·㣺〉마음 심 부수 3획)

뜻(有志竟成^{유지경성}: 뜻이 있으면 끝내 성공한다), 뜻을 두다, 기록, 기록하다.

【참고】『삼국사기(三國史記)』나 『고려사(高麗史)』처럼 나라의 소중한 흐름을 기록한 책에는 '史'자를, 『고려사 악지(高麗史 樂志)』나 『세종실록 지리지(世宗實錄 地理志)』처럼 땅·성씨·인물·악기 등을 기록한 책에는 '志'자를, 『일지(日誌)』, 『교지(校誌)』, 『군지(郡誌)』, 『시지(市誌)』, 『도지(道誌)』처럼 나라 일이 아닌 것을 기록한 책에는 '誌'자를 사용한다.

○ **於** (어조사 어 / 탄식할 오, 方 모 방 부수 4획)

~에, ~에서(福生於淸儉^{복생어청검}: 복은 청렴과 검소함에서 생긴다), ~에게(勿施於人^{물시어인}: 남에게 시키지 말라), ~보다(靑出於藍而靑於藍^{청출어람이청어람}: 푸른색은 쪽빛에서 나왔으나 쪽빛보다 푸르다), 아!(於乎^{오호}: 아!, 오!).

【참고】푸른색은 쪽빛에서 나왔으나 쪽빛보다 푸르다는 말은 제자가 스승보다 훌륭한 것을 비유한 말이다.

○ **道** (길 도, 辵〈辶·辶〉책받침 부수 9획) = 路 (길 로)

길, 도리, 방법, 말하다, 다스리다, 우리나라 행정구역(慶尙南道^{경상남도}).

○而 (말 이을 이, 而 말 이을 이 부수 0획)

~하고, ~하며, ~하되, ~하지만, 너, 그대(余而祖也^{여이조야}: 나는 그대의 조상이다).

○恥 (부끄러울 치, 心〈忄·㣺〉마음 심 부수 6획)

부끄럽다, 부끄러워하다, 부끄럽게 여기다, 부끄러움.

○惡 (나쁠, 모질 악 / 미워할 오, 心〈忄·㣺〉마음 심 부수 8획)

나쁘다, 모질다, 나쁜 일, 악한 일, 미워하다(憎惡^{증오}: 몹시 미워하다).

○衣 (옷 의, 衣〈衤〉옷 의 부수 0획)

옷, [옷을] 입다(衣錦^{의금}: 비단옷을 입다).

○食 (먹을, 먹을거리 식 / 밥, 먹이다, 먹게 하다 사, 食〈飠·𩚑·𩙿〉밥 식 부수 0획)

먹다, 먹을거리(以食飽我^{이식포아}: 먹을거리로써 나를 배부르게 해 주셨다), 밥, 먹이다, 먹게 하다.

○者 (놈 자, 老〈耂〉늙을 로 부수 5획)

사람, 이, ~라는 것은(天者^{천자}: 하늘이라는 것은, 地者^{지자}: 땅이라는 것은), ~에(昔者^{석자}: 옛날에, 近者^{근자}: 요즘에).

○未 (아닐 미, 木 나무 목 부수 1획)

~아니다, ~못하다, 아직 ~하지 않다. 부정을 나타낸다.

○足 (발 족, 足〈𧾷〉발 족 부수 0획)

발(鳥足之血^{조족지혈}: 새 발의 피. '아주 적은 분량'을 비유하는 말이다), 넉넉하다, 만족하다, 만족함, 족히 ~할 수 있다(足王^{족왕}: 족히 왕 노릇할 수 있다).

○與 (더불어 여, 臼 절구 구 부수 7획)

더불어, ~와 함께, ~와(과)(我與汝^{아여여}: 나와 너), 주다(與人勿追悔^{여인물추회}: 남에게 주었으면 뒤에 뉘우치지 말아라).

○議 (의론할 의, 言 말씀 언 부수 13획)

의론하다(어떤 일에 대하여 서로 이야기하다).

○ 也^야 (이끼, 어조사 야, 乙(乚) 새 을 부수 2획)

　~이다, 어조를 고르게 하거나 문의(文意)를 강조할 때(道也者^{도야자}: 진리라는 것은, 孝弟也者^{효제야자}: 효제라는 것은).

[어구풀이]

○ **子曰**^{자왈} : 공자(孔子)께서 말씀하셨다. 여기서 子는 공자를 가리킨다. 스승에 대한 존칭의 뜻으로 사용하였다.

○ **士志於道**^{사지어도} : 선비가 도(道)에 뜻을 두다. 여기서 於는 '~에'의 뜻이다.

○ **惡衣惡食**^{악의악식} : 나쁜 옷과 나쁜 음식.

○ **未足**^{미족}~ : [족히] ~할 수 없다.

○ **與議也**^{여의야} : 함께 [도를] 의론하다. 也는 문장이 끝남을 의미한다.

○ **未足與議也**^{미족여의야} : 함께 [도를] 의론할 수가 없다, 함께 [도를] 이야기할 가치가 없다.

[보충설명]

선비는 어떠한 시련과 가난이 있을지라도 자신의 뜻을 꺾고 꿈을 접어서는 안 된다. 지금은 힘들고 고통 받아도 조금도 걱정할 일도 두려워할 일도 아니다. 따라서 곧고 굳건한 마음을 지키며 바르게 깨끗하게 살아가야 한다.

추사 김정희(金正喜) 선생의 세한도(歲寒圖)
(우리나라, 개인 소장, 국보 제180호)

세한(歲寒)은 『논어(論語)』에 있는 공자(孔子)의 말씀에서 따온 말이다. 추운 계절이 된 다음에야 소나무며 잣나무 같은 상록수가 시들거나 변치 않는 모습을 잘 알게 된다는 말에서, 어떠한 역경에서도 자기 뜻을 바꾸지 않는 지조 있는 선비를 나타낼 때 쓴다.

하늘이 사람을 낼 땐 큰 뜻이 있다

明心寶鑑

天不生無祿之人 地不長無名之草

^천^불^생^무^록^지^인
天不生無祿之人하고　^지^불^장^무
地不長無

^명^지^초
名之草니라

하늘은 녹(祿) 없는 사람을 내지 않고, 땅은 이름 없는 풀을 기르지 않느니라.

[문장쓰기]

天不生無祿之人하고　地不長無

名之草니라

○天^천 (하늘 천, 大 큰 대 부수 1획)

하늘(天地人^{천지인}: 하늘과 땅과 사람, 天下^{천하}: 하늘 아래 온 세상, 天子^{천자}: 하늘의 아들, 황제).

○不^불 (아닐 불, 一 한 일 부수 3획)

아니다, 아니하다, 않다, 못하다.

○生^생 (날 생, 生 날 생 부수 0획)

나다, 태어나다, 낳다(父生我身 母鞠吾身^{부생아신 모국오신}: 아버지는 내 몸을 낳으시고, 어머니는 내 몸을 기르셨다), 살다(生存^{생존}: 살아 있다), 삶.

○無^무 (없을 무, 火〈灬〉불 화 부수 8획)

없다, ~하지 말라(無敢自專^{무감자전}: 감히 스스로 제멋대로 하지 말라), ~ 해서는 안 된다.

○祿^록 (복 록, 示〈礻〉 보일 시 부수 8획)

복, 행복, 녹, 봉급, 녹을 받다(子孫世祿於齊^{자손세록어제}: 자손들이 대대로 제나라에서 녹을 받다).

【참고】녹, 즉 녹봉(祿俸)은 옛날에 관리들이 나라의 일을 보는 대가로 받는 급료인데 쌀이나 콩, 포(布) 등의 현물로 받았다.

○之^지 (갈 지, 丿 삐침 부수 3획)

가다(목적지가 반드시 있다, 之渤海^{지발해}: 발해로 가다), 그, 그것, 이, 이것, ~이, ~가, ~은(는), ~의, ~하는, ~한.

【참고】渤海는 698년에 우리 민족(대조영이 이끄는 고구려 유민)이 주축이 되고 말갈족이 참여해서 세운 나라였다. 한때는 해동성국(海東盛國)이라 불릴 만큼 큰 나라로 성장하였지만, 거란의 침입으로 926년에 멸망하였다. 지금에 와서는 발해를 어느 민족의 역사인가를 두고 한·중·러·일 사이에 논쟁이 되고 있다. 우리와 일본은 고구려 계통의 역사로 보지만 중국이나 러시아는 말갈족의 역사라고 주장한다.

○ 人^인 (사람 인, 人〈亻〉 사람 인 부수 0획)

사람, 남, 다른 사람(我敬人親 人敬我親^{아경인친 인경아친}: 내가 다른 사람의 부모를 공경하면, 다른 사람도 내 부모를 공경한다), 사람대접하다(人其人^{인기인}: 그 사람을 사람대접하다).

○ 地^지 (땅 지, 土 흙 토 부수 3획)

땅, 처지(처해 있는 형편, 易地思之^{역지사지}: 처지를 바꾸어서 생각하다).

○ 長^장 (길 장, 長〈镸〉 길 장 부수 0획)

길, 어른, 맏(長子^{장자}: 맏아들), 장점, 좋은 점, 많다(年長^{연장}: 나이가 많다), 자라다(木之長^{목지장}: 나무가 자라다), 기르다.

○ 名^명 (이름 명, 口 입 구 부수 3획)

이름, 이름나다(名儒^{명유}: 이름난 선비, 名臣^{명신}: 이름난 신하), 이름붙이다, 이름짓다, ~라 이름하다, 형언하다(秀色不可名 清輝滿江城^{수색불가명 청휘만강성}: 빼어난 색깔은 형언할 수가 없는데, 해맑은 빛깔이 강가의 성에 가득하다).

○ 草^초 (풀 초, 艸〈艹·䒑〉 초두 부수 6획)

풀(草木^{초목}: 풀과 나무, 草堂^{초당}: 풀을 엮어 지붕을 이은 집, 초가집).

[어구풀이]

○ 不生^{불생} : 태어나게 하지 않다, 내지 않다.

○ 無祿之人^{무록지인} : 녹(祿)이 없는 사람. 여기서 之는 '~하는'의 뜻이다.

○ 不長^{불장} : 기르지 않다, 자라게 하지 않다.

○ 無名之草^{무명지초} : 이름이 없는 풀. 여기서 之는 '~하는'의 뜻이다.

하늘은 사람이든 사물이든 이 세상에 낼 때 반드시 제 역할을 부여한다. 하물며 전만고에도 없었고 후만고에도 다시없을 이 세상에서 가장 존귀한 사람이야말로 더 말해서 무엇하랴. 한 순간 한 순간의 시간을 가볍게 여기서는 안 되고 함부로 삶을 허비해서도 안 될 것이다.

부유함은 부지런함에서 온다

大富 由天 小富 由勤

大^대富^부는 由^유天^천하고 小^소富^부는 由^유勤^근이니라

큰 부자는 하늘에서 비롯하고, 작은 부자는 부지런함에서 비롯하느니라.

[문장쓰기]

大^대富^부는 由^유天^천하고 小^소富^부는 由^유勤^근이니라

[한자풀이]

○大^대 (큰 대, 大 큰 대 부수 0획) = 太 (클 태)

크다, 크게(大破^{대파}: 크게 부수다, 크게 부서지다), 큰, 대단한, 뛰어난.

○富^부 (가멸 부, 宀 갓머리 부수 9획)

가멸다(재산이 많고 살림이 넉넉하다), 부유하다, 부유함, 부자.

○由^유 (말미암을 유, 田 밭 전 부수 0획) ≒ (田 밭 전 / 甲 첫째 천간 갑 / 申 아홉째 지지 신)

말미암다, 지나가다(行不由徑^{행불유경}: 길을 가도 지름길을 지나가지 아니한다).

○ ^천天 (하늘 천, 大 큰 대 부수 1획)

　하늘(天地人^{천지인}: 하늘과 땅과 사람, 天下^{천하}: 하늘 아래 온 세상, 天子^{천자}: 하늘의

　아들, 황제).

○ ^소小 (작을 소, 小 작을 소 부수 0획) ≒ 少 (적을, 젊을 소)

　작다(小車^{소거}: 작은 수레, 小水合流曰川^{소수합류왈천}: 작은 물들이 합해서 흐르는 것을

　'내'라고 한다), 작음.

○ ^근勤 (부지런할 근, 力 힘 력 부수 11획)

　부지런하다, 부지런함.

[어구풀이]

○ **大富**^{대부} : 큰 부자.

○ **由天**^{유천} : 하늘에 말미암다, 하늘에서 비롯되다.

○ **小富**^{소부} : 작은 부자.

○ **由勤**^{유근} : 부지런함에 말미암다, 부지런함에서 비롯되다.

까닭 없는 돈을 조심하여라

蘇東坡曰 無故而得千金 不有大福
必有大禍

소 동 파 왈
蘇東坡曰

무 고 이 득 천 금
無故而得千金이면

불 유 대 복
不有大福이라

필 유 대 화
必有大禍니라

소동파(蘇東坡)가 말하기를, "[아무런] 까닭 없이 천금을 얻으면 큰 복이 있는 것이 아니라 반드시 큰 화가 있느니라."하였다.

[문장쓰기]

소 동 파 왈
蘇東坡曰

무 고 이 득 천 금
無故而得千金이면

불 유 대 복
不有大福이라

필 유 대 화
必有大禍니라

○ 소동파(蘇東坡, 1036년~1101년)

북송(北宋) 때의 문학가이자 당송팔대가의 한 사람이다. 이름은 식(軾), 호는 동파(東坡)이다. 아버지 소순, 아우 소철과 함께 삼소(三蘇)라고 불린다. 저서에 『동파전집(東坡全集)』이 있다.

[한자풀이]

○ 蘇 (깨어날 소, 艸⟨艹·⺾⟩ 초두 부수 16획)

깨어나다, 되살아나다(蘇生^{소생}: 거의 죽어가던 상태에서 다시 살아나다), 성씨.

○ 東 (동녘 동, 木 나무 목 부수 4획)

동녘, 동쪽(大東^{대동}: 동쪽의 큰 나라. 예전에 우리나라를 가리키던 말이다).

【참고】 예부터 우리나라를 가리키는 다양한 말로는 해동(海東), 청구(靑丘), 근역(槿域), 군자지국(君子之國) 등이 있다.

○ 坡 (언덕 파, 土 흙 토 부수 5획)

언덕, 고개.

○ 曰 (가로 왈, 曰 가로 왈 부수 0획)

말하다(曰可曰否^{왈가왈부}: 옳다 그르다하며 이러쿵저러쿵 말하다), 말씀하시다.

○ 無 (없을 무, 火⟨灬⟩ 불 화 부수 8획)

없다, ~하지 말라(無敢自專^{무감자전}: 감히 스스로 제멋대로 하지 말라), ~해서는 안된다.

○ 故 (옛 고, 攴⟨攵⟩ 등글월 문 부수 5획)

옛, 사고(兄弟無故 一樂也^{형제무고 일락야}: 형제가 아무런 사고가 없는 것이 첫 번째 즐거움이다), 연고, 까닭(是故^{시고}: 이런 까닭에, 이 때문에, 問其故^{문기고}: 그 까닭을 묻다), 그러므로, 그래서.

○而 (말 이을 이, 而 말 이을 이 부수 0획)

~하고, ~하며, ~하되, ~하지만, 너, 그대(余而祖也^{여이조야}: 나는 그대의 조상이다).

○得 (얻을 득, 彳 두인변 부수 8획) ↔ 失 (잃을 실)

얻다, 이익, 이득, ~할 수 있다(得忍且忍^{득인차인}: 참을 수 있으면 또 참아라).

○千 (일천 천, 十 열 십 부수 1획)

일천, 천 번. 千은 백(百)의 열 배인 일천(一千)을 뜻하지만, 주로 '많다, 온갖, 모든'의 뜻으로 쓰인다.

○金 (쇠, 황금 금 / 성씨 김, 金 쇠 금 부수 0획)

쇠, 황금, 성씨.

【참고】지명일 때는 '김' 또는 '금'으로 읽는다. 예) 金泉: 김천, 金溪里: 금계리.

○不 (아닐 불, 一 한 일 부수 3획)

아니다, 아니하다, 않다, 못하다.

○有 (있을 유, 月 달 월 부수 2획)

있다, 어떤(특별히 가리키는 대상은 없다, 有民兄弟^{유민형제}: 어떤 백성의 형제), 다시, 또(終則有始 天行也^{종즉유시 천행야}: 끝나면 또 시작하는 것이 하늘의 운행이다), 문장의 어조를 고르게 할 때.

○大 (큰 대, 大 큰 대 부수 0획) ≒ (丈 어른 장 / 太 클 태 / 犬 개 견)

크다, 크게(大破^{대파}: 크게 부수다, 크게 부서지다), 큰, 대단한, 뛰어난.

○福 (복 복, 示〈礻〉 보일 시 부수 9획)

복, 행복(五福^{오복}: 다섯 가지 복).

【참고】五福은 오래살고(壽^수), 부유하며(富^부), 건강하고(康寧^{강녕}), 덕을 닦고(攸好德^{유호덕}), 편안히 죽음을 맞는 것(考終命^{고종명})을 말한다. 사람이 살면서 누구나 누리고픈 소망이다.

○ 必 (반드시 필, 心〈忄·㣺〉마음 심 부수 1획)

반드시(治國之道 必先富民^{치국지도 필선부민}: 나라를 다스리는 길은 반드시 먼저 백성을 잘 살게 해야 한다), 꼭.

○ 禍 (재화 화, 示〈礻〉보일 시 부수 9획)

화, 재화, 재앙(禍亂^{화란}: 재앙과 혼란).

○ **蘇東坡曰**^{소동파왈} : 소동파가 말하였다.

○ **無故**^{무고} : [아무런] 연고 없이, [아무런] 까닭 없이.

○ **得千金**^{득천금} : 황금 천량을 얻다. 황금 천량은 많은 돈이나 재물을 뜻한다.

○ **不有**^{불유}~ : ~이 있지 아니하다, ~이 있지 않다.

○ **大福**^{대복} : 큰 복.

○ **不有大福**^{불유대복} : 큰 복이 있지 아니하다, 큰 복이 있지 않다.

○ **必有**^{필유}~ : 반드시 ~이 있다.

○ **大禍**^{대화} : 큰 화, 큰 재앙.

○ **必有大禍**^{필유대화} : 반드시 큰 화가 있다, 반드시 큰 재앙이 있다.

소식(蘇軾) 초상(肖像)
(대만, 국립 고궁박물관 소장)

남에게 베푸는 삶을 살아라

大廈千間 夜臥八尺 良田萬頃 日食二升

대 하 천 간
大廈千間이라도

야 와 팔 척
夜臥八尺이요

량
良

전 만 경
田萬頃이라도

일 식 이 승
日食二升이니라

큰 집이 천 칸이라도 밤에는 여덟 자에 눕고, 좋은 밭이 만경이라도 하루에 두 되를 먹느니라.

대 하 천 간
大廈千間이라도

야 와 팔 척
夜臥八尺이요

량
良

전 만 경
田萬頃이라도

일 식 이 승
日食二升이니라

○大 (큰 대, 大 큰 대 부수 0획) ≒ (丈 어른 장 / 太 클 태 / 犬 개 견)

크다, 크게(大破^{대파}: 크게 부수다, 크게 부서지다), 큰, 대단한, 뛰어난.

○廈 (큰 집 하, 广 엄호 부수 10획)

큰 집(廣廈^{광하}: 넓고 큰 집, 커다란 집).

○千 (일천 천, 十 열 십 부수 1획)

일천, 천 번. 千은 백(百)의 열 배인 일천(一千)을 뜻하지만, 주로 '많다, 온갖, 모든'의 뜻으로 쓰인다.

○間 (사이 간, 門 문 문 부수 4획)

사이, 틈, 흠을 잡다(無間^{무간}: 흠을 잡을 데가 없다), 칸(건물 내의 기둥과 기둥 사이).

○夜 (밤 야, 夕 저녁 석 부수 5획)

밤(靜夜^{정야}: 고요한 밤, 夜間^{야간}: 밤사이, 밤).

○臥 (누울 와, 臣 신하 신 부수 2획)

눕다, 잠자다(臥龍^{와룡}: 잠자고 있는 용. 앞으로 큰 일을 할 사람을 뜻하기도 한다).

○八 (여덟 팔, 八 여덟 팔 부수 0획)

여덟, 여덟 번(七顚八起^{칠전팔기}: 일곱 번 넘어져도 여덟 번 일어난다. 몇 번을 실패해도 다시 일어나 힘을 다해 노력한다는 뜻이다).

○尺 (자 척, 尸 주검 시 부수 1획)

자(길이의 단위. 약 30㎝ 정도이다).

【참고】 도량형(길이·면적·부피·무게)의 단위는 시대에 따라 조금씩 차이가 있다.

○良 (어질 량, 艮 머무를 간 부수 1획)

어질다(善良^{선량}: 착하고 어질다), 좋다(美風良俗^{미풍양속}: 아름다운 풍속이고 좋은 풍속이다), 진실로(良有以也^{량유이야}: 진실로 까닭이 있다).

○ **田** ^전 (밭 전, 田 밭 전 부수 0획) ≒ (由 **말미암을 유** / 甲 **첫째 천간 갑** / 申 **아홉째 지지 신**)

밭(野田^{야전}: 들과 밭, 들판, 田父^{전부}: 농부, 田家^{전가}: 농가, 시골집).

【참고】田父에서 父는 나이든 사람에 대한 존칭이다.

○ **萬** ^만 (일만 만, 艸〈艹·⺾〉 초 두 부수 9획)

일만. 萬은 천(千)의 열 배인 일만(一萬)을 뜻하지만, 주로 '많다, 온갖, 모든'의 뜻으로 쓰인다.

○ **頃** ^경 (이랑 경, 頁 머리 혈 부수 2획)

이랑(밭의 한 두둑과 고랑을 아울러 이르는 말이다).

○ **日** ^일 (날 일, 日 날 일 부수 0획)

날, 해, 태양, 매일, 날로(日日新又日新^{일일신우일신}: 날로 날로 새롭게 하며 또 날로 새롭게 한다), 나날이.

○ **食** ^식 (먹을, 먹을거리 식 / 밥, 먹이다, 먹게 하다 사, 食〈食·𩙿·飠〉 밥 식 부수 0획)

먹다, 먹을 거리(以食飽我^{이식포아}: 먹을거리로써 나를 배부르게 해 주셨다), 밥, 먹이다, 먹게 하다.

○ **二** ^이 (두 이, 二 두 이 부수 0획)

둘, 둘째, 두 번.

○ **升** ^승 (되 승, 十 열 십 부수 2획)

되(곡식이나 액체의 양을 헤아리는 단위. 약 1.8ℓ 정도이다).

[어구풀이]

○ **大廈**^{대하} : 큰 집, 고래등 같이 커다란 집.

○ **千間**^{천간} : 천 칸. 집의 규모가 아주 크다는 뜻이다.

○ **夜臥**^{야와} : 밤에 눕다.

○ **八尺**^{팔척} : 여덟 자. 한 자가 보통 30㎝이니까 모두 합치면 240㎝가 된다. 우리의 키를 수용하고도 남는다.

○ **良田**^{량전} : 좋은 밭, 비옥한 밭.

○ **萬頃**^{만경} : 만 경. 밭이 아주 넓다는 뜻이다

○ **日食**^{일식} : 하루에 먹다, 하루동안 먹다.

○ **二升**^{이승} : 두 되. 한 되가 보통 1.8l 이니까 모두 합치면 3.6l 가 된다. 우리가 하루에 먹고도 남는 양이다.

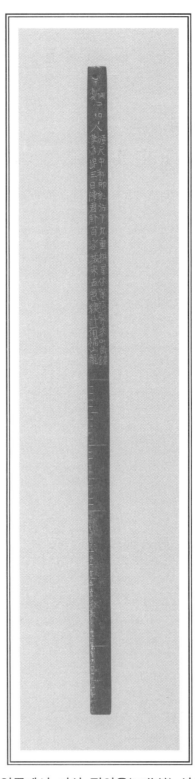

조선 제22대 정조(正祖) 임금께서 다산 정약용(丁若鏞) 선생에게 선물한 자(1796년)

이 자에는 정조 임금께서 직접 지으신 시(詩)가 은으로 입사되어 있다. 이 사실만으로도 정조 임금께서 얼마나 다산 정약용 선생을 신임하였는지를 알 수가 있다.

술과 여색을 조심하여라

明心寶鑑

酒不醉人人自醉 色不迷人人自迷

주 불 취 인 인 자 취
酒不醉人人自醉_요

색 불 미 인
色不迷人

인 자 미
人自迷이니라

술이 사람을 취하게 하는 것이 아니라 사람이 스스로 취하는 것이요, 색이 사람을 미혹시키는 것이 아니라 사람이 스스로 미혹되는 것이니라.

[문장쓰기]

○ 酒 (술 주, 水〈氵·氺〉물 수 부수 7획)

술(飲酒^{음주}: 술을 마시다, 濁酒^{탁주}: 막걸리, 靑梅酒^{청매주}: 청매실을 넣어 만든 술), 술을 마시다.

○ 不 (아닐 불, 一 한 일 부수 3획)

아니다, 아니하다, 않다, 못하다.

○ 醉 (취할 취, 酉 닭 유 부수 8획) ↔ 醒 ([술에서] 깰 성)

취하다(醉中^{취중}: 술 취한 동안), 취하게 하다.

○ 人 (사람 인, 人〈亻〉사람 인 부수 0획)

사람, 남, 다른 사람(我敬人親 人敬我親^{아경인친 인경아친}: 내가 다른 사람의 부모를 공경하면, 다른 사람도 내 부모를 공경한다), 사람대접하다(人其人^{인기인}: 그 사람을 사람대접하다).

○ 自 (스스로 자, 自 스스로 자 부수 0획)

스스로, 저절로, 몸소, 자기(自國^{자국}: 자기의 나라), ~부터(自昏至夜^{자혼지야}: 저녁부터 밤까지, 自始至終^{자시지종}: 처음부터 끝까지).

○ 色 (빛 색, 色 빛 색 부수 0획)

빛, 빛깔, 얼굴빛, 여색(女色: 남자가 여자를 육체적인 욕망의 대상으로 생각하고 이끌리는 것), 남녀 간의 정욕.

○ 迷 (미혹할 미, 辵〈辶·⻌〉책받침 부수 6획)

미혹하다(무엇에 홀려서 마음을 가다듬지 못하다), 미혹하게 하다, 헤매게 하다.

[어구풀이]

○ **酒不醉人**^{주불취인} : 술이 사람을 취하게 하지 않다.

○ **人自醉**^{인자취} : 사람이 스스로 취하다.

○ **色不迷人**^{색불미인} : 색이 사람을 미혹하지 않다. 여기서 色은 남녀 간의 정욕을 뜻한다.

○ **人自迷**^{인자미} : 사람이 스스로 미혹되다.

[보충설명]

주색(酒色)은 언제나 나에게서 시작하는 것이다. 지나친 음주와 방탕한 남녀 간의 정욕은 자신을 망치는 것은 물론이거니와 가족의 불행까지 부른다. 늘 경계하고 조심해야 할 일이다.

36선

시간을 늘 아껴라

尺璧非寶 寸陰是競

^척尺^벽璧이^비非^보寶라 ^촌寸^음陰을^시是^경競이니라

한 자나 되는 둥근 옥이 보배가 아니라, [인생의] 아주 짧은 시간을 아껴야 할 것이다.

[문장쓰기]

^척尺^벽璧이^비非^보寶라 ^촌寸^음陰을^시是^경競이니라

[한자풀이]

○^척尺 (자 척, 尸 주검 시 부수 1획)

자(길이의 단위. 약 30㎝ 정도이다).

【참고】 도량형(길이·면적·부피·무게)의 단위는 시대에 따라 조금씩 차이가 있다.

○^벽璧 (둥근 옥 벽, 玉〈王〉 구슬 옥 부수 13획)

둥근 옥(둥글납작하며 중앙에 둥근 구멍이 있다).

○^비非 (아닐 비, 非 아닐 비 부수 0획)

~이 아니다, 그르다, 옳지 아니하다(是非^{시비}: 어떤 일의 옳음과 그름).

○寶 (보배 보, ∼ 갓머리 부수 17획)

　　보배(國寶^{국보}: 나라의 보배), 보배롭게 여기다.

○寸 (마디 촌, 寸 마디 촌 부수 0획)

　　마디, 치(길이의 단위. 약 3㎝ 정도이다. 寸草^{촌초}: 한 치 길이의 풀, 짧은 풀, 어린 풀, 寸雲^{촌운}: 한 조각 구름), 촌수(三寸^{삼촌}, 四寸^{사촌}).

　　【참고】 흔히 삼촌, 사촌 등 숫자를 호칭으로 쓰는 것은 올바른 표현이 아니다. 촌수는 방계 간의 친소 관계를 나타내기 위한 수치일 뿐이다.(촌수 계산에 있어서 직계는 무조건 1촌이다). 삼촌은 백부(伯父)·중부(仲父)·숙부(叔父)·계부(季父)로, 사촌은 종형(從兄)·종제(從弟)로, 오촌은 당숙(堂叔)으로, 외삼촌은 외숙(外叔)으로, 육촌은 재종(再從) 형제로 불러야 옳다. 그리고 같은 고조부 아래서 난 4대(代)까지의 자손은 촌수로 따져 팔촌(八寸) 이내가 된다.

○陰 (그늘 음, 阜〈阝〉 언덕 부 부수 8획)

　　그늘, 응달, 몰래, 세월(光陰^{광음}), 산의 북쪽이나 강의 남쪽(箕山之陰^{기산지음}: 기산의 북쪽).

　　【참고】 산의 남쪽이나 강의 북쪽은 양(陽)자로 나타낸다. 예) 泰山之陽^{태산지양}: 태산의 남쪽, 錦江之陽^{금강지양}: 금강의 북쪽.

○是 (이 시, 日 날 일 부수 5획)

　　이, 이것, 옳다(是非^{시비}: 어떤 일의 옳음과 그름), ～이다, 구절을 강조하기 위해 도치를 시킬 때.

○競 (다툴 경, 立 설 립 부수 15획)

　　다투다(競爭^{경쟁}: 서로 이기려고 다투다), 다툼.

[어구풀이]

○ 尺璧^{척벽} : 한 자의 둥근 옥, 한 자나 되는 둥근 옥. 아주 진귀한 보석을 말한다.
○ 非寶^{비보} : 보배가 아니다.

○ 寸陰^{촌음} : 한 치의 시간, 아주 짧은 시간. 여기서 寸은 아주 작은 것을 의미한다.

○ 競^경 : 다투다. 여기서는 '시간을 아끼다'라는 뜻이다.

○ 寸陰是競^{촌음시경} : 한 치의 시간을 아끼다, 아주 짧은 시간을 아끼다. 아주 진귀한 보석
보다도 세월이 더 소중하다는 뜻이다. 是는 도치를 나타내는 어조사이다. 즉, 競寸陰을
도치하여 寸陰是競으로 한 것이다.

옥벽(玉璧) (중국, 한나라)

정치는 깨끗하게
집안일은 검근하게

景行錄云 爲政之要 曰公與淸 成家之道
曰儉與勤

경 행 록 운 위 정 지 요 왈 공 여
景行錄에云 爲政之要는 日公與

청 성 가 지 도 왈 검 여 근
淸이요 成家之道는 日儉與勤이니라

『경행록(景行錄)』에 말하기를, "정치를 하는 데 중요한 것은 공정함과 청렴함이요, 집안을 일으키는 길은 검소함과 부지런함이니라."하였다.

[문장쓰기]

경 행 록 운 위 정 지 요 왈 공 여
景行錄에云 爲政之要는 日公與

청 성 가 지 도 왈 검 여 근
淸이요 成家之道는 日儉與勤이니라

[인물과 책명]

○ 경행록(景行錄)

　　중국 송나라 때 지어졌다는 책이다. 지금은 전해오지 않는다. 책의 이름처럼 '참된 진리를 향한 큰 행동(景行)'을 통하여 누구나 성현(聖賢)의 삶을 본받고 실천해야 함을 가르쳐 준 소중한 책이 아니었나 싶다.

[한자풀이]

○景 (볕 경, 日 날 일 부수 8획)

  햇볕, 햇빛(景翳翳경예예: 햇빛이 어둑어둑해지다, 暄景훤경: 따뜻한 햇빛), 크다(景福경복: 큰 복), 경치(四時之景사시지경: 사계절〈봄, 여름, 가을, 겨울〉의 경치).

○行 (다닐 행 / 항렬 항, 行 다닐 행 부수 0획)

  다니다, 가다, 행하다, 행실, 항렬, 줄.

  【참고】항렬(行列)은 친족의 세대(世代) 관계를 나타내는 말인데, 요즘도 각 성씨마다 이름을 지을 때 항렬의 돌림자를 기준으로 해서 짓는다. 족보를 보면 각 성씨마다 항렬의 순서를 적어 놓았다.

○錄 (적을 록, 金 쇠 금 부수 8획)

  적다, 기록하다, 베끼다.

○云 (이를 운, 二 두 이 부수 2획)

  이르다, 말하다.

○爲 (할 위, 爪〈⺥〉 손톱 조 부수 8획)

  하다, 되다, 위하여(爲民위민: 백성을 위하여), ~때문에(親疎爲錢친소위전: 친한 사이가 멀어지는 것은 돈 때문이다).

○政 (정사 정, 攴〈攵〉 등글월 문 부수 5획)

  정사(政事: 정치에 관계되는 일), 정치.

○之 (갈 지, 丿 삐침 부수 3획)

  가다(목적지가 반드시 있다, 之渤海지발해: 발해로 가다), 그, 그것, 이, 이것, ~이, ~가, ~은(는), ~의, ~하는, ~한.

【참고】 渤海는 698년에 우리 민족(대조영이 이끄는 고구려 유민)이 주축이 되고 말갈족이 참여해서 세운 나라였다. 한때는 해동성국(海東盛國)이라 불릴 만큼 큰 나라로 성장하였지만, 거란의 침입으로 926년에 멸망하였다. 지금에 와서는 발해를 어느 민족의 역사인가를 두고 한·중·러·일 사이에 논쟁이 되고 있다. 우리와 일본은 고구려 계통의 역사로 보지만 중국이나 러시아는 말갈족의 역사라고 주장한다.

○要 (종요로울 요, 襾〈西·覀〉 덮을 아 부수 3획)

종요롭다(없어서는 안될 만큼 매우 중요하다), 요긴하다, 요구하다, 바라다(若要人重我^{약요인중아}: 만약 남이 나를 소중히 여겨주길 바란다면).

○曰 (가로 왈, 曰 가로 왈 부수 0획)

말하다(曰可曰否^{왈가왈부}: 옳다 그르다하며 이러쿵저러쿵 말하다), 말씀하시다.

○公 (공평할 공, 八 여덟 팔 부수 2획)

공평하다, 공정하다, 성·시호·관작 밑에 붙여서 높이는 뜻을 나타낼 때(忠武公 李舜臣^{충무공 이순신}), 당신, 그대(公無渡河^{공무도하}: 그대여, 강을 건너지 마오).

【참고】 시호(諡號)는 생전의 학문과 덕행 그리고 공적에 의하여 정해졌다. 특히 시장(諡狀)의 작성자는 관직과 이름을 명확히 표기해야 하는데, 이는 내용의 객관성과 신빙성을 가늠하기 위해서였다. 이어서 작성한 시장을 예조(禮曹)에 제출하면 예조에서는 시호 후보 3개를 선정해서 이조(吏曹)에 보고하고, 이조는 관련 문서를 첨부해서 의정부(議政府)로 이관하였다. 마지막으로 의정부에서 왕의 재가를 받아 시호를 확정하였다.
公無渡河는 우리나라 문학사상 가장 오래된 시가 작품인 공무도하가(公無渡河歌)의 첫 부분이다. 고조선(古朝鮮) 때 백수광부(白首狂夫)의 아내가 부른 노래이지만 그 배경설화가 애틋해서 수천 년 동안 중국 부녀자들 사이에서 널리 애창되었다.

○與 (더불어 여, 臼 절구 구 부수 7획)

더불어, ~와 함께, ~와(과)(我與汝^{아여여}: 나와 너), 주다(與人勿追悔^{여인물추회}: 남에게 주었으면 뒤에 뉘우치지 말아라).

○淸 (맑을 청, 水〈氵·氺〉 물 수 부수 8획)

맑다(淸江^{청강}: 맑은 강, 맑은 강물), 청렴하다(마음이 깨끗하고 바르다), 청렴.

○成 (이룰 성, 戈 창 과 부수 3획)

　　이루다, 이루어지다(大器晚成^{대기만성}: 큰 그릇은 늦게 이루어진다. 큰 사람이 되기 위해서는 많은 노력과 시간이 필요하다는 뜻이다).

○家 (집 가, 宀 갓머리 부수 7획)

　　집, 집안, 집을 장만하여 살다(晚家南山陲^{만가남산수}: 만년에는 남산 기슭에서 산다), 문학이나 예술 등의 창작 활동을 전문으로 하는 사람(小說家^{소설가}: 소설을 쓰는 사람, 寫眞作家^{사진작가}: 사진을 전문으로 찍는 사람).

○道 (길 도, 辵〈辶·辶〉 책받침 부수 9획) = 路 (길 로)

　　길, 도리, 방법, 말하다, 다스리다, 우리나라 행정구역(慶尙南道^{경상남도}).

○儉 (검소할 검, 人〈亻〉 사람 인 부수 13획)

　　검소하다, 검소함.

○勤 (부지런할 근, 力 힘 력 부수 11획)

　　부지런하다, 부지런함.

[어구풀이]

○ **景行錄云**^{경행록운} : 『경행록』에 쓰여 있다, 『경행록』에 말하였다. '云' 앞에 책명이나 편명 등이 올 때는 '쓰여 있다'는 뜻으로 생각하면 된다.

○ **爲政之要**^{위정지요} : 정치를 하는 데 중요한 것.

○ **曰**^왈 : 굳이 없어도 되는 데 있으므로 강조의 뜻이 있다. '말하다'의 뜻보다는 '~이다' 정도로 해석하는 것이 좋다. 또한 曰이 있을 때와 없을 때의 차이는, 있을 경우는 성독 (聲讀)할 때 힘이 느껴진다.

○ **公與淸**^{공여청} : 공정함과 청렴함, 공정과 청렴.

○ **成家之道**^{성가지도} : 집안을 일으키는 길, 집안을 일으키는 방법.

○ **儉與勤**^{검여근} : 검소함과 부지런함.

근이생자 검이구빈(勤以生貲 儉以救貧)

근면함으로써 재화를 생산하고, 검소함으로써 가난을 구제하라.

다산 정약용(丁若鏞) 선생이 강진 유배 시절에 아내 홍씨가 보내온 낡은 치마를 잘라 만든 『하피첩(霞帔帖)』에 실어 놓은 글이다. 『하피첩』에는 두 아들에게 전하고픈 당부의 말이 담겨 있다. 재단하고 남은 것으로는 시집간 딸을 위해 작은 그림 가리개를 곱게 만들어 주었다.

삶은 늘 잘 계획하고 노력해야 한다

明心寶鑑

孔子三計圖云 一生之計 在於幼 一年之計
在於春 一日之計 在於寅 幼而不學
老無所知 春若不耕 秋無所望 寅若不起
日無所辦

<ruby>孔<rt>공</rt></ruby><ruby>子<rt>자</rt></ruby><ruby>三<rt>삼</rt></ruby><ruby>計<rt>계</rt></ruby><ruby>圖<rt>도</rt></ruby>에 <ruby>云<rt>운</rt></ruby> <ruby>一<rt>일</rt></ruby><ruby>生<rt>생</rt></ruby><ruby>之<rt>지</rt></ruby><ruby>計<rt>계</rt></ruby>는 <ruby>在<rt>재</rt></ruby> <ruby>於<rt>어</rt></ruby><ruby>幼<rt>유</rt></ruby>하고 <ruby>一<rt>일</rt></ruby><ruby>年<rt>년</rt></ruby><ruby>之<rt>지</rt></ruby><ruby>計<rt>계</rt></ruby>는 <ruby>在<rt>재</rt></ruby><ruby>於<rt>어</rt></ruby><ruby>春<rt>춘</rt></ruby>하고 <ruby>一<rt>일</rt></ruby><ruby>日<rt>일</rt></ruby><ruby>之<rt>지</rt></ruby><ruby>計<rt>계</rt></ruby>는 <ruby>在<rt>재</rt></ruby><ruby>於<rt>어</rt></ruby><ruby>寅<rt>인</rt></ruby>이니 <ruby>幼<rt>유</rt></ruby><ruby>而<rt>이</rt></ruby><ruby>不<rt>불</rt></ruby><ruby>學<rt>학</rt></ruby>이면 <ruby>老<rt>로</rt></ruby><ruby>無<rt>무</rt></ruby><ruby>所<rt>소</rt></ruby><ruby>知<rt>지</rt></ruby>요 <ruby>春<rt>춘</rt></ruby><ruby>若<rt>약</rt></ruby><ruby>不<rt>불</rt></ruby><ruby>耕<rt>경</rt></ruby>이면 <ruby>秋<rt>추</rt></ruby><ruby>無<rt>무</rt></ruby><ruby>所<rt>소</rt></ruby><ruby>望<rt>망</rt></ruby>이요 <ruby>寅<rt>인</rt></ruby><ruby>若<rt>약</rt></ruby><ruby>不<rt>불</rt></ruby><ruby>起<rt>기</rt></ruby>면 <ruby>日<rt>일</rt></ruby><ruby>無<rt>무</rt></ruby><ruby>所<rt>소</rt></ruby><ruby>辦<rt>판</rt></ruby>이니라

「공자삼계도(孔子三計圖)」에 말하기를, "일생의 계획은 어릴 때에 있고, 일 년의 계획은 봄에 있고, 하루의 계획은 새벽에 있으니, 어려서 배우지 않으면 늙어서 아는 바가 없고, 봄에 밭을 갈지 않으면 가을에 거둘 것이 없고, 새벽에 일어나지 않으면 그 날 할 일을 준비하지 못하느니라."하였다.

孔子三計圖에云 一生之計는 在

於幼하고 一年之計는 在於春하고

一日之計는 在於寅이니 幼而不

學이면 老無所知요 春若不耕이면

秋無所望이요 寅若不起면 日無

所辨이니라

[한자풀이]

○ 孔 ^공 (구멍 공, 子 아들 자 부수 1획)

구멍(毛孔^{모공}: 털의 구멍), 매우, 심히, 성씨.

○ 子 ^자 (아들 자, 子 아들 자 부수 0획)

아들, 자식(아들과 딸), 씨앗, 열매(結子^{결자}: 열매를 맺다), 옛날에 제자가 스승에 대해 쓰던 존칭어(孔子^{공자}, 孟子^{맹자}, 朱子^{주자}).

○ 三 ^삼 (석 삼, 一 한 일 부수 2획)

셋, 세 번, 세 가지(君子有三樂^{군자유삼락}: 군자는 세 가지 즐거움이 있다).

【참고】 군자의 세 가지 즐거움은 부모가 모두 살아 계시고 형제들이 아무런 사고가 없는 것, 우러러 하늘에 부끄러움이 없고 아래로 남들에게 부끄러움이 없는 것, 천하의 인재를 얻어 그들을 가르치는 것을 말한다.

○ 計 ^계 (셀 계, 言 말씀 언 부수 2획)

세다, 꾀하다, 계획, 계책.

○ 圖 ^도 (그림 도, 囗 큰 입 구 부수 11획) = (畫 그림 화)

그림, 꾀하다(圖謀^{도모}: [어떤 일을 이루고자 방법과 대책을] 꾀하다).

○ 云 ^운 (이를 운, 二 두 이 부수 2획)

이르다, 말하다.

○ 一 ^일 (한 일, 一 한 일 부수 0획)

하나, 첫째, 한 번, 통일하다(孰能一天下^{숙능일천하}: 누가 능히 천하를 통일하겠습니까?).

○ 生 ^생 (날 생, 生 날 생 부수 0획)

나다, 태어나다, 낳다(父生我身 母鞠吾身^{부생아신 모국오신}: 아버지는 내 몸을 낳으시고, 어머니는 내 몸을 기르셨다), 살다(生存^{생존}: 살아 있다), 삶.

○ **之** ^지 (갈 지, 丿 삐침 부수 3획)

가다(목적지가 반드시 있다, 之渤海^{지발해}: 발해로 가다), 그, 그것, 이, 이것, ~이, ~가, ~은(는), ~의, ~하는, ~한.

【참고】渤海는 698년에 우리 민족(대조영이 이끄는 고구려 유민)이 주축이 되고 말갈족이 참여해서 세운 나라였다. 한때는 해동성국(海東盛國)이라 불릴 만큼 큰 나라로 성장하였지만, 거란의 침입으로 926년에 멸망하였다. 지금에 와서는 발해를 어느 민족의 역사인가를 두고 한·중·러·일 사이에 논쟁이 되고 있다. 우리와 일본은 고구려 계통의 역사로 보지만 중국이나 러시아는 말갈족의 역사라고 주장한다.

○ **在** ^재 (있을 재, 土 흙 토 부수 3획) = 存 (있을 존)

있다, ~에 달려 있다(危在旦夕^{위재단석}: 위험이 아침저녁에<아주 짧은 순간에> 달려 있다).

○ **於** ^어 (어조사 어 / 탄식할 오, 方 모 방 부수 4획)

~에, ~에서(福生於淸儉^{복생어청검}: 복은 청렴과 검소함에서 생긴다), ~에게(勿施於人^{물시어인}: 남에게 시키지 말라), ~보다(靑出於藍而靑於藍^{청출어람이청어람}: 푸른색은 쪽빛에서 나왔으나 쪽빛보다 푸르다), 아!(於乎^{오호}: 아!, 오!).

【참고】푸른색은 쪽빛에서 나왔으나 쪽빛보다 푸르다는 말은 제자가 스승보다 훌륭한 것을 비유한 말이다.

○ **幼** ^유 (어릴 유, 幺 작을 요 부수 2획) ≒ 幻 (허깨비 환)

어리다, 어린아이, 어린이.

○ **年** ^년 (해 년, 干 방패 간 부수 3획) = 歲 (해 세)

해(年俸^{연봉}: 한 해 동안에 받는 봉급, 年事^{연사}: 한 해의 일, 그 해의 농사), 나이(盛年^{성년}: 젊은 나이, 나이가 한 창 때, 청장년).

【참고】年과 歲는 일 년 단위의 '해'를 의미한다.

○ **春** ^춘 (봄 춘, 日 날 일 부수 5획) ≒ 舂 (절구질할, 곡식 빻을 용)

봄(春則萬物始生^{춘즉만물시생}: 봄이 되면 만물이 비로소 나온다).

○ **日** ^일 (날 일, 日 날 일 부수 0획)

날, 해, 태양, 매일, 날로(日日新又日新^{일일신우일신}: 날로 날로 새롭게 하며 또 날로 새롭게 한다), 나날이.

○ 寅 (셋째 지지 인, 宀 갓머리 부수 8획)

셋째 지지, 인시(寅時: 새벽 3시부터 5시 사이. 이른 아침을 뜻한다).

○ 而 (말 이을 이, 而 말 이을 이 부수 0획)

~하고, ~하며, ~하되, ~하지만, 너, 그대(余而祖也^{여이조야}: 나는 그대의 조상이다).

○ 不 (아닐 불, 一 한 일 부수 3획)

아니다, 아니하다, 않다, 못하다.

○ 學 (배울 학, 子 아들 자 부수 13획)

배우다, 배움, 학문, 배운 사람(吾必謂之學矣^{오필위지학의}: 나는 반드시 그를 배운 사람
이라고 말하겠다).

【참고】學은 모른 것을 남에게서 배우는 것이고, 習(익힐 습)은 그 배운 것을 스스
로 되풀이하여 계속 익히는 것이다.

○ 老 (늙을 로, 老〈耂〉 늙을 로 부수 0획)

늙다, 늙은 부모, 늙은 부모로서 섬기다(老吾老^{로오로}: 내 집의 늙은 부모를 늙은 부모
로서 섬기다), 늙은이.

○ 無 (없을 무, 火〈灬〉 불 화 부수 8획)

없다, ~하지 말라(無敢自專^{무감자전}: 감히 스스로 제멋대로 하지 말라), ~해서는 안
된다.

○ 所 (바 소, 戶 지게 호 부수 4획)

~한 바, ~한 것, 곳(場所^{장소}).

○ 知 (알 지, 矢 화살 시 부수 3획)

알다, 앎, 지식, 슬기, 지혜(智), 지혜롭다.

○ 若 (같을 약 / 반야 야, 艸〈艹·䒑〉 초두 부수 5획)

같다, 만약 ~한다면, 너, 너희(若行之無忽^{약행지무홀}: 너희는 그것을 행함에 소홀히 하

지 말아라), 반야(般若: 분별이나 망상을 떠나 깨달음과 참모습을 훤히 아는 지혜).

○耕 (밭갈 경, 未 쟁기 뢰 부수 4획)

밭을 갈다, 논밭을 갈다(親耕^{친경}: 임금이 농사의 모범을 보이기 위하여 몸소 논밭을 갈다), 농사짓다(躬耕^{궁경}: 몸소 농사짓다).

○秋 (가을 추, 禾 벼 화 부수 4획)

가을(秋則萬物成熟^{추즉만물성숙}: 가을이 되면 만물이 무르익는다).

○望 (바랄 망, 月 달 월 부수 7획)

바라다, 기대하다, 바라보다, 우러러보다(何敢望回^{하감망회}: 어찌 감히 회를 우러러보겠습니까?).

【참고】回는 안회(顔回, 기원전 518년~484년)를 가리킨다. 공문십철(孔門十哲)의 한 사람이며 덕행이 뛰어났다. 공자(孔子)께서 참으로 아끼던 제자였는데, 공자보다 앞서 죽었다.

○起 (일어날 기, 走 달아날 주 부수 3획)

일어나다, 일어서다(起立^{기립}: 일어서다), 일으키다.

○辦 (힘쓸 판, 辛 매울 신 부수 9획)

힘쓰다, 갖추다, 준비하다, 주관하다.

[어구풀이]

○ 孔子三計圖^{공자삼계도} : 출전은 정확히 알 수가 없다. 출전의 의미를 떠나서 그 내용이 좋으니 마음에 꼭 새겨 두었으면 한다. 여기서 三計는 일생의 계획, 일 년의 계획, 하루의 계획을 말한다.

○ 一生之計^{일생지계} : 일생의 계획, 평생의 계획.

○ 在於幼^{재어유} : 어릴 때에 있다. 여기서 於는 '~에'의 뜻이다.

○ 一年之計^{일년지계} : 일년의 계획.

○ **在於春**^{재어춘} : 봄에 있다. 여기서 於는 '~에'의 뜻이다.

○ **一日之計**^{일일지계} : 하루의 계획.

○ **在於寅**^{재어인} : 인시(새벽 3시부터 5시 사이)에 있다. 여기서 於는 '~에'의 뜻이다.

○ **幼而不學**^{유이불학} : 어려서 배우지 않다.

○ **老無所知**^{로무소지} : 늙어서 아는 바가 없다. 여기서 所는 '~하는 바, ~하는 것'의 뜻이다.

○ **春若不耕**^{춘약불경} : 봄에 만약 밭을 갈지 않으면.

○ **秋無所望**^{추무소망} : 가을에 바랄 것이 없다, 가을에 거둘 것이 없다. 여기서 所는 '~하는 바, ~하는 것'의 뜻이다.

○ **寅若不起**^{인약불기} : 인시(새벽 3시부터 5시 사이)에 만약 일어나지 않으면.

○ **日無所辦**^{일무소판} : 그 날 할 일을 준비할 바가 없다. 즉, 그 날 할 일을 준비하지 못한다는 뜻이다. 여기서 所는 '~하는 바, ~하는 것'의 뜻이다.

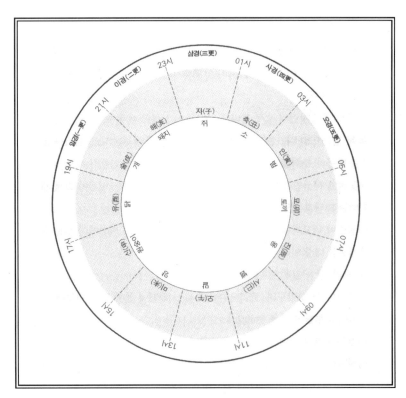

십이지(十二支)와 시간 계산법

39선 明心寶鑑

국민은 나라의 근본이다

宋太宗御製云 爾俸爾祿 民膏民脂 下民
易虐 上天 難欺

송 태 종 어 제 운
宋太宗御製에云

이 봉 이 록
爾俸爾祿이

민 고 민 지
民膏民脂니라

하 민
下民은

이 학
易虐이어니와

상 천
上天은

난 기
難欺니라

「송태종 어제(宋太宗御製)」에 말하기를, "너의 봉급과 너의 녹(祿)이 [모두] 백성들의 피와 땀이니라. 아래의 백성들은 학대하기 쉬우나, 위의 하늘은 속이기가 어려우니라."하였다.

[문장쓰기]

송 태 종 어 제 운
宋太宗御製에云

이 봉 이 록
爾俸爾祿이

민 고 민 지
民膏民脂니라

하 민
下民은

이 학
易虐이어니와

상 천
上天은

난 기
難欺니라

○ 송태종(宋太宗, 939년~997년)

송(宋)나라 태조(太祖) 조광윤의 동생, 이름은 조광의이다. 황제가 된 후 과거시험으로 관리를 채용하고, 감찰제도를 갖추어 당시의 군인정치의 폐해로부터 문치주의로 전환하는데 성공하였다. 재위 기간은 22년이다.

[한자풀이]

○宋 ^송 (송나라 송, 宀 갓머리 부수 4획)

송나라(나라 이름), 성씨.

○太 ^태 (클 태, 大 큰 대 부수 1획) ≒ (丈 어른 장 / 大 큰 대 / 犬 개 견)

크다, 크게(思多太損神^{사다태손신}: 생각이 많으면 크게 정신을 손상한다), 콩(우리나라에서만 쓰는 뜻이다. 黑太^{흑태}: 검은콩, 黃太^{황태}: 누른콩, 火太^{화태}: 불콩).

○宗 ^종 (마루 종, 宀 갓머리 부수 5획)

마루, 받들다, 받들어 모시다(亦可宗也^{역가종야}: 또한 받들어 모실 수 있다), 종교(改宗^{개종}: 종교를 바꾸다).

○御 ^어 (모실 어, 彳 두인변 부수 8획)

모시다, 임금(御製^{어제}: 임금이 지은 글, 御命^{어명}: 임금의 명령, 御車^{어거}: 임금이 타는 수레, 御射記^{어사기}: 임금의 활쏘기 기록).

【참고】조선시대 정조 임금께서는 활쏘기에 능하셨는데 오늘날의 국궁 9단 이상의 명궁(名弓)이셨다. 서울대학교 규장각에 소장되어 있는 '정조 임금 어사기'를 보면 잘 알 수 있다.

○ 製 (지을 제, 衣〈衤〉 옷 의 부수 8획)

짓다, 만들다(手製^{수제}: 손으로 만들다).

○ 云 (이를 운, 二 두 이 부수 2획)

이르다, 말하다.

○ 爾 (너 이, 爻 점괘 효 부수 10획)

너, 너희, 이, 이것, 이와 같이, ~일 뿐이다, ~일 따름이다.

○ 俸 (록 봉, 人〈亻〉 사람 인 부수 8획)

녹(祿), 봉급.

○ 祿 (복 록, 示〈礻〉 보일 시 부수 8획)

복, 행복, 녹, 봉급, 녹을 받다(子孫世祿於齊^{자손세록어제}: 자손들이 대대로 제나라에서 녹을 받다).

【참고】 녹, 즉 녹봉(祿俸)은 옛날에 관리들이 나라의 일을 보는 대가로 받는 급료인데 쌀이나 콩, 포(布) 등의 현물로 받았다.

○ 民 (백성 민, 氏 각시 씨 부수 1획)

백성, 국민, 사람(生民之始^{생민지시}: 사람이 태어나는 시작이다).

○ 膏 (기름 고, 肉〈月〉 고기 육 부수 10획)

기름, 살찌다, 기름을 바르다, 기름을 치다(膏車^{고거}: 수레에 기름을 치다. 수레를 손질한다는 뜻이다).

○ 脂 (기름 지, 肉〈月〉 고기 육 부수 6획)

기름, 기름을 바르다, 기름을 치다.

○ 下 (아래 하, 一 한 일 부수 2획)

아래, 아랫사람(不恥下問^{불치하문}: 아랫사람에게 묻는 것을 부끄러워해서는 안 된다), 내리다(下馬^{하마}: 말에서 내리다), [자기를] 낮추다(下人^{하인}: 남에게 [자기를] 낮추다).

○ 易^역 (바꿀 역 / 쉬울 이, 日 날 일 부수 4획)

바꾸다(易地思之^{역지사지}: 처지를 바꾸어서 생각하다), 쉽다(易陷不義^{이함불의}: 불의에 빠지기가 쉽다).

○ 虐^학 (사나울 학, 虍 범호밑 부수 3획)

사납다, 모질다, 학대하다(아주 못 살게 괴롭히다), 잔학하다.

○ 上^상 (위 상, 一 한 일 부수 2획)

위, 위쪽, 임금(主上^{주상}), 오르다, 올라가다(上山頂^{상산정}: 산꼭대기로 올라가다), 가 (沼上^{소상}: 연못가, 路上^{노상}: 길가, 海上^{해상}: 바닷가).

○ 天^천 (하늘 천, 大 큰 대 부수 1획)

하늘(天地人^{천지인}: 하늘과 사람과 땅, 天下^{천하}: 하늘 아래 온 세상, 天子^{천자}: 하늘의 아들, 황제).

○ 難^난 (어려울 난, 佳 새 추 부수 11획)

어렵다(人間行路難^{인간행로난}: 인생살이는 힘들다. 사람이 살아가는 평생의 여정은 내내 어려운 길을 가는 것과 같음을 나타낸 말이다), 어려운 일, 비난하다, 나무라다.

○ 欺^기 (속일 기, 欠 하품 흠 부수 8획)

속이다(毋自欺^{무자기}: 자신을 속이지 말라, 欺瞞^{기만}: 속이고 업신여기다), 업신여기다.

[어구풀이]

○ 宋太宗御製云^{송태종어제운} : 「송태종 어제」에 쓰여 있다. 「송태종 어제」에 말하였다. '云' 앞에 책명이나 편명 등이 올 때는 '쓰여 있다'는 뜻으로 생각하면 된다.

○ 爾俸爾祿^{이봉이록} : 너의 봉급과 너의 녹. 여기서 '너'는 당시의 정치를 담당하던 신하들을 가리킨다.

○ 民膏民脂^{민고민지} : 백성들의 기름, 백성들의 피와 땀. 백성들의 노고를 강조한 말이다.

○ **下民**^{하민} : 아래의 백성, 아래에 있는 백성.

○ **易虐**^{이학} : 학대하기 쉽다.

○ **上天**^{상천} : 위의 하늘, 위에 있는 하늘.

○ **難欺**^{난기} : 속이기 어렵다.

[보충설명]

국민은 나라를 떠받치는 가장 큰 힘이다. 이러한 국민의 숭고한 역할과 노고를 진심으로 생각한다면 국민에게 복되고 이로운 것이 있으면 하루 빨리 거행하고, 해로운 것이 있으면 빠짐없이 제거해 주어야 할 것이다. 국민을 기만하고 업신여기는 그릇된 정치인들이 있다면 국민이 힘을 모아 이들을 물리칠 것이고 하늘도 국민을 도와 반드시 응징할 것이다.

40선 明心寶鑑

어렵고 힘든 사람의 처지를
잘 살펴보아라

明心寶鑑

凡使奴僕 先念飢寒

범 사 노 복   선 념 기 한
凡使奴僕에 先念飢寒이니라

무릇 아랫사람을 부릴 적에는 먼저 그들의 굶주림과 추위를 생각해야 하느니라.

[문장쓰기]

범 사 노 복   선 념 기 한
凡使奴僕에 先念飢寒이니라

[한자풀이]

○凡 (무릇 범, 几 안석 궤 부수 1획)

　무릇, 모두, 모든, 다.

○使 (부릴 사, 人〈亻〉 사람 인 부수 6획)

　부리다, ~하여금 ~하게 하다(사역의 뜻, 天帝使我長百獸^{천제사아장백수}: 천제께서 나로 하여금 온갖 짐승의 우두머리 노릇을 하게 하셨다), 사신(使臣: 임금이나 나라의 명령으로 외국에 심부름을 가는 신하).

○ 奴 (종 노, 女 계집 녀 부수 2획)

　　종, 놈(賣國奴^{매국노}: [자신의 이익을 위해서] 자기 나라를 팔아먹는 짓을 하는 놈,

　　倭奴^{왜노}: 왜놈, 倭奴王^{왜노왕}: 왜놈왕).

○ 僕 (종 복, 人〈亻〉 사람 인 부수 12획)

　　종, 수레를 모는 사람, 수레를 몰다.

○ 先 (먼저 선, 儿 어진 사람 인 부수 4획)

　　먼저(先約^{선약}: 먼저 맺은 약속), 앞(先見之明^{선견지명}: 앞을 내다보는 밝음).

○ 念 (생각할 념, 心〈忄·㣺〉 마음 심 부수 4획)

　　생각하다, 염려하다, 걱정하다.

○ 飢 (주릴 기, 食〈食·𩙿·𠊊〉 밥 식 부수 2획) = 餓 (주릴 아)

　　주리다, 굶주리다, 굶주림, 배고프다, 배고픔.

　　【참고】 일반적으로 餓(주릴 아)는 飢보다 배고픈 정도가 훨씬 더 심한 경우를 뜻한다.

○ 寒 (찰 한, 宀 갓머리 부수 / 9획)

　　차다, 춥다, 추위(寒來署往^{한래서왕}: 추위가 오면 더위는 간다).

[어구풀이]

○ 使奴僕^{사노복} : 종을 부리다, 아랫사람을 부리다.

○ 先念^{선념} : 먼저 생각하다.

○ 飢寒^{기한} : 굶주림과 추위, 배고픔과 추위.

세상을 살다보면 주인이 되어 아랫사람을 거느리는 경우도 있다. 이럴수록 나의 수고와 괴로움을 대신하여 주는 그 은혜를 생각해 보고, 내가 얻게 되는 부와 명예를 먼저 그들과 함께 진정 나누는 마음의 자세가 필요하다.

집안은 효도와 화목이 으뜸이다

明心寶鑑

子孝雙親樂 家和萬事成

자 효 쌍 친 락　　　가 화 만 사 성
子孝雙親樂이요　**家和萬事成**이니라

자식이 효도하면 두 분 어버이가 즐겁고, 집안이 화목하면 모든 일이 잘 이루어지느니라.

[문장쓰기]

자 효 쌍 친 락　　　가 화 만 사 성
子孝雙親樂이요　家和萬事成이니라

[한자풀이]

○子 (아들 자, 子 아들 자 부수 0획)

　아들, 자식(아들과 딸), 씨앗, 열매(結子결자: 열매를 맺다), 옛날에 제자가 스승에 대해 쓰던 존칭어(孔子공자, 孟子맹자, 朱子주자).

○孝 (효도 효, 子 아들 자 부수 4획)

　효도, 효도하다(父慈子孝부자자효: 부모는 [자식을] 사랑하고, 자식은 [부모에게] 효도해야 한다).

○ **雙** (쌍 쌍, 隹 새 추 부수 10획)

쌍, 둘(雙手^{쌍수}: 두 손, 雙鯉^{쌍리}: 두 마리 잉어).

○ **親** (친할 친, 見 볼 견 부수 9획)

친하다, 사이좋게 지내다, 친함, 어버이, 부모.

○ **樂** (즐거울 락 / 풍류, 음악, 풍악 악 / 좋아하다 요, 木 나무 목 부수 11획)

즐겁다(知足可樂^{지족가락}: 만족함을 알면 가히 즐거울 것이다), 풍류, 음악, 풍악(風樂: 종·북·피리·퉁소 등의 총칭), 좋아하다(知者樂水 仁者樂山^{지자요수 인자요산}: 지혜로운 사람은 물을 좋아하고, 어진 사람은 산을 좋아한다).

【참고】知者樂水 仁者樂山에서 知者와 仁者는 모두 군자(君子)를 뜻한다. 군자는 지혜롭고 어질기 때문이다. 따라서 이 구절은 '군자는 본질을 굳게 지키고 변하는 현상에 대해서는 슬기롭게 대처한다'는 의미를 함축한다.

○ **家** (집 가, 宀 갓머리 부수 7획)

집, 집안, 집을 장만하여 살다(晩家南山陲^{만가남산수}: 만년에는 남산 기슭에서 산다), 문학이나 예술 등의 창작 활동을 전문으로 하는 사람(小說家^{소설가}: 소설을 쓰는 사람, 寫眞作家^{사진작가}: 사진을 전문으로 찍는 사람).

○ **和** (온화할 화, 口 입 구 부수 5획)

온화하다, 화목하다, 따뜻하다.

○ **萬** (일만 만, 艸〈艹·䒑〉 초두 부수 9획)

일만. 萬은 천(千)의 열 배인 일만(一萬)을 뜻하지만, 주로 '많다, 온갖, 모든'의 뜻으로 쓰인다.

○ **事** (일 사, 亅 갈고리 궐 부수 7획)

일, 섬기다(事親以孝^{사친이효}: 어버이를 효로써 섬긴다).

○ **成** (이룰 성, 戈 창 과 부수 3획)

이루다, 이루어지다(大器晚成^{대기만성}: 큰 그릇은 늦게 이루어진다. 크게 될 사람은 다른 평범한 사람들보다 늦게 이루어짐을 비유한 말이다).

[어구풀이]

ㅇ **子孝**^{자효} : 자식이 효도하다, 자식이 효성스럽다.

ㅇ **雙親**^{쌍친} : 두 분 어버이.

ㅇ **家和**^{가화} : 집이 화목하다, 집안이 화목하다.

ㅇ **萬事**^{만사} : 모든 일, 많은 일, 온갖 일.

효(孝) 문자도(文字圖)
(우리나라, 개인 소장)

혼인은 재산보다
사람의 됨됨이가 중요하다

文中子曰 婚娶而論財 夷虜之道也

문 중 자 왈　혼 취 이 론 재　이 로
文中子曰　婚娶而論財는　夷虜

지 도 야
之道也니라

문중자(文中子)가 말하기를, "혼인을 하면서 재물의 많고 적음을 따지는 것은 오랑캐의 법도이니라."하였다.

[문장쓰기]

문 중 자 왈　혼 취 이 론 재　이 로
文中子曰　婚娶而論財는　夷虜

지 도 야
之道也니라

○ 문중자(文中子, 584년~618년)

수(隋)나라 때의 이름난 유학자로 성은 왕(王)이고, 이름은 통(通), 자는 중엄(仲淹)이다. 제자들이 그를 높이는 뜻에서 문중자라고 불렀다. 어진 재상으로 이름 높은 방현령, 두여회, 위징 등이 그의 문인들이다.

[한자풀이]

○ 文^문 (글월 문, 文 글월 문 부수 0획)

글월(文盲^{문맹}: 글을 읽지 못하다), 글자(文字^{문자}), 학문, 무늬(龍文^{용문}: 용의 무늬), 푼(옛날 돈의 단위, 一文^{일문}: 한 푼), 성씨.

○ 中^중 (가운데 중, ㅣ 뚫을 곤 부수 3획)

가운데, 한 가운데, 맞다(言不中理^{언불중리}: 말이 이치에 맞지 않다), 맞히다(不幸不中^{불행불중}: [일본왕을] 불행히도 맞히지 못했다).

【참고】'不幸不中'은 1932년 1월 8일, 이봉창 의사가 일본 동경에서 의거를 하자, 중국의 신문에서 큰 제목으로 실어 놓은 글이다.

○ 子^자 (아들 자, 子 아들 자 부수 0획)

아들, 자식(아들과 딸), 씨앗, 열매(結子^{결자}: 열매를 맺다), 옛날에 제자가 스승에 대해 쓰던 존칭어(孔子^{공자}, 孟子^{맹자}, 朱子^{주자}).

○ 曰^왈 (가로 왈, 曰 가로 왈 부수 0획)

말하다(曰可曰否^{왈가왈부}: 옳다 그르다하며 이러쿵저러쿵 말하다), 말씀하시다.

○ 婚^혼 (혼인할 혼, 女 계집 녀 부수 8획)

혼인하다, 혼인.

○娶 ^취 (장가들 취, 女 계집 녀 부수 8획)

장가들다.

○而 ^이 (말 이을 이, 而 말 이을 이 부수 0획)

~하고, ~하며, ~하되, ~하지만, 너, 그대(余而祖也^{여이조야}: 나는 그대의 조상이다).

○論 ^론 (의론할 론, 言 말씀 언 부수 8획)

의론하다, 의견(異論^{이론}: 다른 의견), 학설(經驗論^{경험론}: 경험을 바탕으로 세운 학설).

○財 ^재 (재물 재, 貝 조개 패 부수 3획)

재물(財貨^{재화}: 재물), 재산(私財^{사재}: 개인의 재산).

○夷 ^이 (오랑캐 이, 大 큰 대 부수 3획)

오랑캐, 평소(夷考其行^{이고기행}: 평소에 그 행실을 살펴보다).

【참고】이적(夷狄)이란 말이 있다. 夷는 동쪽 오랑캐, 狄은 북쪽 오랑캐를 가리키는 말이다. 옛날 중국에서는 주위의 여러 민족을 정치나 문화의 수준이 낮은 오랑캐라 하여 동이(東夷)·서융(西戎)·남만(南蠻)·북적(北狄)이라 불렀다. 춘추시대에는 진(秦)·초(楚)·오(吳) 등도 이적으로 불리었다. 그 뒤로는 구분지어 호칭하지 않았으니, 이적이라 하면 막연히 다른 민족을 총칭하는 것으로 보는 것이 타당하다.

○虜 ^로 (사로잡을 로, 虍 범호밑 부수 6획)

사로잡다, 포로, 오랑캐(破虜^{파로}: 오랑캐를 쳐부수다).

○之 ^지 (갈 지, 丿 삐침 부수 3획)

가다(목적지가 반드시 있다, 之渤海^{지발해}: 발해로 가다), 그, 그것, 이, 이것, ~이, ~가, ~은(는), ~의, ~하는, ~한.

【참고】渤海는 698년에 우리 민족(대조영이 이끄는 고구려 유민)이 주축이 되고 말갈족이 참여해서 세운 나라였다. 한때는 해동성국(海東盛國)이라 불릴 만큼 큰 나라로 성장하였지만, 거란의 침입으로 926년에 멸망하였다. 지금에 와서는 발해를 어느 민족의 역사인가를 두고 한·중·러·일 사이에 논쟁이 되고 있다. 우리와 일본은 고구려 계통의 역사로 보지만 중국이나 러시아는 말갈족의 역사라고 주장한다.

○ 道 (길 도, 辵〈辶·辶〉 책받침 부수 9획) = 路 (길 로)

　　길, 도리, 방법, 말하다, 다스리다, 우리나라 행정구역(慶尙南道^{경상남도}).

○ 也 (이끼, 어조사 야, 乙〈乚〉 새 을 부수 2획)

　　~이다, 어조를 고르게 하거나 문의(文意)를 강조할 때(道也者^{도야자}: 진리라는
것은, 孝弟也者^{효제야자}: 효제라는 것은).

[어구풀이]

○ 文中子曰^{문중자왈} : 문중자가 말하였다. 여기서 子는 스승에 대한 존칭의 뜻으로 사용하였다.

○ 婚娶^{혼취} : 혼인(婚姻)하다, 시집가고 장가들다. 婚娶는 남자와 여자가 예(禮)를 갖추어
부부가 되는 일을 가리킨다.

○ 論財^{론재} : 재물을 의론하다, 재물의 많고 적음을 따지다.

○ 夷虜之道^{이로지도} : 오랑캐의 도리, 오랑캐의 법도. 여기서 之는 '~의'의 뜻이다.

○ 夷虜之道也^{이로지도야} : 오랑캐의 도리이다, 오랑캐의 법도이다. 也는 문장이 끝남을 의미한다.

남을 소중히 여기는 마음을
먼저 가져라

若要人重我 無過我重人

若要人重我^{약 요 인 중 아}인댄　無過我重人^{무 과 아 중 인}이니라

만약 남이 나를 소중히 여겨주길 바란다면, 내가 [먼저] 남을 소중히 여기기는 것보다 나은
것이 없느니라.

[문장쓰기]

若要人重我^{약 요 인 중 아}인댄　無過我重人^{무 과 아 중 인}이니라

[한자풀이]

○若 (같을 약 / 반야 야, 艸〈艹·⺿〉 초두 부수 5획)

　같다, 만약 ~한다면, 너, 너희(若行之無忽^{약행지무홀}: 너희는 그것을 행함에 소홀히 하
지 말아라), 반야(般若: 분별이나 망상을 떠나 깨달음과 참모습을 훤히 아는 지혜).

○要 (종요로울 요, 襾〈西·覀〉 덮을 아 부수 3획)

　종요롭다(없어서는 안 될 만큼 매우 중요하다), 요긴하다, 요구하다, 바라다.

○人 (사람 인, 人〈亻〉 사람 인 부수 0획)

　사람, 남, 다른 사람(我敬人親 人敬我親^{아경인친 인경아친}: 내가 다른 사람의 부모를 공

경하면, 다른 사람도 내 부모를 공경한다), 사람대접하다(人其人^{인기인}: 그 사람을 사람대접하다).

○ 重^중 (무거울 중, 里 마을 리 부수 2획)

　무겁다, 무겁게 하다, 신중하다, 소중히 여기다, 다시, 거듭(重複^{중복}).

○ 我^아 (나 아, 戈 창 과 부수 3획) = (吾 나 오 / 余 나 여 / 予 나 여)

　나, 나의(三人行則必有我師焉^{삼인행즉필유아사언}: 세 사람이 [함께] 길을 가게 되면 그 속에 반드시 나의 스승이 있다), 내.

　【참고】 여기서 三人은 나보다 나은 사람, 나보다 못한 사람 그리고 나 자신을 가리킨다.

○ 無^무 (없을 무, 火〈灬〉 불 화 부수 8획)

　없다, ~하지 말라(無敢自專^{무감자전}: 감히 스스로 제멋대로 하지 말라), ~해서는 안 된다.

○ 過^과 (지날 과, 辵〈辶·辶〉 책받침 부수 9획)

　지나다, 지나가다, 지나치다, 낫다, 허물, 잘못(過失相規^{과실상규}: 잘못은 서로 바로잡다).

[어구풀이]

○ 若要^{약요} : 만약 요구한다면, 만약 바란다면.

○ 人重我^{인중아} : 남이 나를 소중히 여기다, 남이 나를 소중히 여겨주다.

○ 無過^{무과} : 나은 것이 없다, 나음이 없다.

○ 我重人^{아중인} : 내가 남을 소중히 여기다.

○ 無過我重人^{무과아중인} : 내가 남을 소중히 여기는 것보다 나은 것이 없다. 我重人 앞에 어조사 於를 보충해 보면 뜻이 더욱 뚜렷해진다. 이때 於는 비교를 나타내며 '~보다'의 뜻이 된다.

말은 사리에 맞게 해야 한다

明心寶鑑

一言不中 千語無用

일 언 불 중　　천 어 무 용
一言不中이면　千語無用이니라

한 마디 말이 [이치에] 맞지 않으면 천 마디의 말이 쓸모가 없느니라.

[문장쓰기]

일 언 불 중　　천 어 무 용
一言不中이면　千語無用이니라

[한자풀이]

○一 (한 일, 一 한 일 부수 0획)

　　하나, 첫째, 한 번, 통일하다(孰能一天下^{숙능일천하}: 누가 능히 천하를 통일하겠습니까?).

○言 (말씀 어, 言 말씀 언 부수 0획)

　　말씀, 말(去言美 來言美^{거언미 래언미}: 가는 말이 고와야 오는 말이 곱다. 내가 남에게
　　좋게 해야 남도 나에게 잘 할 수 있음을 비유한 우리나라 속담이다), 말하다.

○不 (아닐 불, 一 한 일 부수 3획)

　　아니다, 아니하다, 않다, 못하다.

○ 中^중 (가운데 중, ㅣ 뚫을 곤 부수 3획)

가운데, 한 가운데, 맞다(言不中理^{언불중리}: 말이 이치에 맞지 않다), 맞히다(不幸不中^{불행불중}: [일본왕을] 불행히도 맞히지 못했다).

【참고】'不幸不中'은 1932년 1월 8일, 이봉창 의사가 일본 동경에서 의거를 하자, 중국의 신문에서 큰 제목으로 실어 놓은 글이다.

○ 千^천 (일천 천, 十 열 십 부수 1획)

일천, 천 번. 千은 백(百)의 열 배인 일천(一千)을 뜻하지만, 주로 '많다, 온갖, 모든'의 뜻으로 쓰인다.

○ 語^어 (말씀 어, 言 말씀 언 부수 7획)

말씀, 말(晝語雀聽 夜語鼠聽^{주어작청 야어서청}: 낮말은 새가 듣고, 밤말은 쥐가 듣는다. 아무도 없는 데서 한 말이라도 남의 귀에 들어감을 비유한 우리나라 속담이다), 말하다.

○ 無^무 (없을 무, 火〈灬〉 불 화 부수 8획)

없다, ~하지 말라(無敢自專^{무감자전}: 감히 스스로 제멋대로 하지 말라), ~해서는 안 된다.

○ 用^용 (쓸 용, 用 쓸 용 부수 0획)

쓰다, 이용하다, 사용하다(善用^{선용}: 잘 사용하다), 임용하다, 등용하다, 以와 통용(~때문에, ~에, 常用十月祭天^{상용십월제천}: 항상 시월에 하늘에 제사지내다).

[어구풀이]

○ 一言^{일언} : 한 마디의 말.

○ 不中^{불중} : [이치에] 맞지 않다, [사리에] 맞지 않다.

○ 千言^{천언} : 천 마디의 말, 많은 말, 온갖 말.

○ 無用^{무용} : 쓸모가 없다.

마음의 상처를 주는 말을
해서는 안 된다

利人之言 煖如綿絮 傷人之語 利如荊棘

_{리 인 지 언} _{난 여 면 서} _{상 인}
利人之言은 煖如綿絮하고 傷人

_{지 어} _{리 여 형 극}
之語는 利如荊棘이니라

남을 이롭게 하는 말은 따뜻하기가 솜과 같고, 남을 다치게 하는 말은 날카롭기가 가시와 같으니라.

[문장쓰기]

_{리 인 지 언} _{난 여 면 서} _{상 인}
利人之言은 煖如綿絮하고 傷人

_{지 어} _{리 여 형 극}
之語는 利如荊棘이니라

○利^리 (날카로울 리, 刀〈刂〉 칼 도 부수 5획)

날카롭다, 날카로움(吾矛之利^{오모지리}: 내 창의 날카로움), 날카롭게 하다, 이롭다, 이익.

○人^인 (사람 인, 人〈亻〉 사람 인 부수 0획)

사람, 남, 다른 사람(我敬人親 人敬我親^{아경인친 인경아친}: 내가 다른 사람의 부모를 공경하면, 다른 사람도 내 부모를 공경한다), 사람대접하다(人其人^{인기인}: 그 사람을 사람대접하다).

○之^지 (갈 지, 丿 삐침 부수 3획)

가다(목적지가 반드시 있다, 之渤海^{지발해}: 발해로 가다), 그, 그것, 이, 이것, ~이, ~가, ~은(는), ~의, ~하는, ~한.

【참고】渤海는 698년에 우리 민족(대조영이 이끄는 고구려 유민)이 주축이 되고 말갈족이 참여해서 세운 나라였다. 한때는 해동성국(海東盛國)이라 불릴 만큼 큰 나라로 성장하였지만, 거란의 침입으로 926년에 멸망하였다. 지금에 와서는 발해를 어느 민족의 역사인가를 두고 한·중·러·일 사이에 논쟁이 되고 있다. 우리와 일본은 고구려 계통의 역사로 보지만 중국이나 러시아는 말갈족의 역사라고 주장한다.

○言^언 (말씀 언, 言 말씀 언 부수 0획)

말씀, 말(去言美 來言美^{거언미 래언미}: 가는 말이 고와야 오는 말이 곱다. 내가 남에게 좋게 해야 남도 나에게 잘 할 수 있음을 비유한 우리나라 속담이다), 말하다.

○煖^난 (따뜻할 난, 火〈灬〉 불 화 부수 9획)

따뜻하다, 따뜻하게 하다.

○如^여 (같을 여, 女 계집 녀 부수 3획)

같다, 만일 ~한다면(王如知此^{왕여지차}: 왕께서 만약 이 점을 아신다면), 가다(如日本^{여일본}: 일본에 가다).

○ 綿^면 (솜 면, 糸〈糸〉실 사 부수 8획)

　솜, 빈틈없다(綿密^{면밀}: 빈틈없이 꼼꼼하다).

○ 絮^서 (솜 서, 糸〈糸〉실 사 부수 6획)

　솜, 지루하게 이야기하다(絮說^{서설}: 지루하게 이야기를 늘어놓다).

○ 傷^상 (다칠 상, 人〈亻〉사람 인 부수 11획)

　다치다, 나쁘다, 해롭다(無傷^{무상}: 해로울 것이 없다, 나쁠 것이 없다).

○ 語^어 (말씀 어, 言 말씀 언 부수 7획)

　말씀, 말(晝語雀聽 夜語鼠聽^{주어작청 야어서청}: 낮말은 새가 듣고, 밤말은 쥐가 듣는다. 아무
도 없는 데서 한 말이라도 남의 귀에 들어감을 비유한 우리나라 속담이다), 말하다.

○ 荊^형 (가시 형, 艸〈艹·⺿〉초두 부수 6획)

　가시(一日不讀書 口中生荊棘^{일일불독서 구중생형극}: 하루라도 글을 읽지 않으면 입 안에
가시가 돋는다), 가시나무, 가시덤불.

○ 棘^극 (가시 극, 木 나무 목 부수 8획)

　가시, 가시나무, 가시덤불.

[어구풀이]

○ 利人之言^{리인지언} : 남을 이롭게 하는 말. 여기서 之는 '~하는'의 뜻이다.

○ 如綿絮^{여면서} : 솜과 같다.

○ 傷人之言^{상인지언} : 남을 다치게 하는 말. 여기서 之는 '~하는'의 뜻이다.

○ 如荊棘^{여형극} : 가시와 같다, 가시나무와 같다.

안중근(安重根) 의사(義士)의 유묵
(서울, 동국대학교 박물관 소장, 보물 제569-2호)

착한 사람에게는
맑은 향기가 난다

明心寶鑑

子曰 與善人居 如入芝蘭之室
久而不聞其香 卽與之化矣

^{자 왈} ^{여 선 인 거} ^{여 입 지 란 지}
子曰 與善人居면 如入芝蘭之

^실 ^{구 이 불 문 기 향} ^{즉 여}
室하여 久而不聞其香이나 卽與

^{지 화 의}
之化矣니라

공자(孔子)께서 말씀하시기를, "착한 사람과 함께 살면 지초와 난초의 방에 들어가는 것과 같아서, 오래 있으면 그 향기를 맡을 수 없으나 곧 향기와 함께 동화될 것이니라."하셨다.

[문장쓰기]

^{자 왈} ^{여 선 인 거} ^{여 입 지 란 지}
子曰 與善人居면 如入芝蘭之

^실 ^{구 이 불 문 기 향} ^{즉 여}
室하여 久而不聞其香이나 卽與

^{지 화 의}
之化矣니라

○ 공자(孔子, 기원전 551년~479년)

유교(儒敎)의 정립자이며 인류 역사의 3대 성인(聖人) 가운데 한 분이시다. 이름은 구(丘), 자는 중니(仲尼)이다. 유교의 대표 경전이며 인류의 영원한 베스트셀러인『논어(論語)』는 공자가 세상을 떠난 뒤에 제자들이 그의 언행을 소중히 모아 엮은 책이다.

[한자풀이]

○^자子 (아들 자, 子 아들 자 부수 0획)

아들, 자식(아들과 딸), 씨앗, 열매(結子^{결자}: 열매를 맺다), 옛날에 제자가 스승에 대해 쓰던 존칭어(孔子^{공자}, 孟子^{맹자}, 朱子^{주자}).

○^왈曰 (가로 왈, 曰 가로 왈 부수 0획)

말하다(曰可曰否^{왈가왈부}: 옳다 그르다하며 이러쿵저러쿵 말하다), 말씀하시다.

○^여與 (더불어 여, 臼 절구 구 부수 7획)

더불어, ~와 함께, ~와(과)(我與汝^{아여여}: 나와 너), 주다(與人勿追悔^{여인물추회}: 남에게 주었으면 뒤에 뉘우치지 말아라).

○^선善 (착할 선, 口 입 구 부수 9획)

착하다, 착한 일, 잘하다(善語者^{선어자}: 말을 잘하는 사람, 善學者^{선학자}: 배우기를 잘하는 사람), 잘(善用^{선용}: 잘 사용하다, 善畫花果^{선화화과}: 꽃과 과일을 잘 그리다).

○^인人 (사람 인, 人〈亻〉사람 인 부수 0획)

사람, 남, 다른 사람(我敬人親 人敬我親^{아경인친 인경아친}: 내가 다른 사람의 부모를 공경하면, 다른 사람도 내 부모를 공경한다), 사람대접하다(人其人^{인기인}: 그 사람을 사람대접하다).

○居 (살 거, 尸 주검 시 부수 5획)

살다, 거주하다, 거처하다, 집에 있다, 평상시, 보통 때.

【참고】居와 住(머무를 주)는 의미상 차이가 있다. 居는 정착하여 산다는 것을 가리키는 경우가 많고, 住는 잠시 머무는 것을 나타낸다.

○如 (같을 여, 女 계집 녀 부수 3획)

같다, 만일 ~한다면(王如知此^{왕여지차}: 왕께서 만약 이 점을 아신다면), 가다(如日本^{여일본}: 일본에 가다).

○入 (들 입, 入 들 입 부수 0획)

들다(들어가다, 들어오다), 빠지다(沒入^{몰입}: [어떤 일에 정신이 지나치게] 빠지다).

○芝 (지초 지, 艸〈艹·⺿〉 초두 부수 4획)

지초, 영지.

○蘭 (난초 란, 艸〈艹·⺿〉 초두 부수 17획)

난초(金蘭之交^{금란지교}: 두 사람이 마음을 같이하면 그 예리함은 쇠도 끊을 수 있고, 마음을 같이해서 하는 말은 그 향기가 난초와 같다라는 뜻의 고사성어이다).

【참고】1903년 강원도 동해 삼척지역 유림(儒林) 38명이 결성한 금란계(金蘭契)라는 단체가 있다. 우국충정으로 모인 이들은 쓰러져 가는 조국을 구하기 위하여 독립운동을 펼쳤는데, 백 년의 세월이 흐른 지금도 300여 명의 계원들이 선열의 독립운동 정신을 시대에 맞게 청소년의 선도와 인의예지(仁義禮智) 교육, 이웃돕기 등 각종 사회봉사 활동으로 계승 발전시켜 나아가고 있다.

○之 (갈 지, 丿 삐침 부수 3획)

가다(목적지가 반드시 있다, 之渤海^{지발해}: 발해로 가다), 그, 그것, 이, 이것, ~이, ~가, ~은(는), ~의, ~하는, ~한.

【참고】渤海는 698년에 우리 민족(대조영이 이끄는 고구려 유민)이 주축이 되고 말갈족이 참여해서 세운 나라였다. 한때는 해동성국(海東盛國)이라 불릴 만큼 큰 나라로 성장하였지만, 거란의 침입으로 926년에 멸망하였다. 지금에 와서는 발해를 어느 민족의 역사인가를 두고 한·중·러·일 사이에 논쟁이 되고 있다. 우리와 일본은 고구려

계통의 역사로 보지만 중국이나 러시아는 말갈족의 역사라고 주장한다.

○室 (집 실, 宀 갓머리 부수 6획) = 堂 (집 당)

집, 방(書室^{서실}: 책을 읽거나 글을 쓰는 방).

○久 (오랠 구, 丿 삐침 부수 2획)

오래다(悠久^{유구}: 멀고 오래되다, 鳥久止 必帶矢^{조구지 필대시}: 새도 오래 앉아 있으면 반드시 화살을 맞는다. 편한 곳에 오래 있으면 화를 입음을 비유한 우리나라 속담이다), 오래 지속되다.

○而 (말 이을 이, 而 말 이을 이 부수 0획)

～하고, ～하며, ～하되, ～하지만, 너, 그대(余而祖也^{여이조야}: 나는 그대의 조상이다).

○不 (아닐 불, 一 한 일 부수 3획)

아니다, 아니하다, 않다, 못하다.

○聞 (들을 문, 門 문 문 부수 6획)

듣다(聞道^{문도}: 듣건대, 들리는 바에 의하면), 냄새 맡다, 소문이 나다, 소문.

○其 (그 기, 八 여덟 팔 부수 6획)

그(其他^{기타}: 그 밖에 다른 것), 장차, 아마(知我者 其天乎^{지아자 기천호}: 나를 알아주는 것은 아마 하늘일 것이다).

【참고】其^기～乎^호: 아마 ～일 것이다. 또한 其는 문장에서 사람이나 사물을 대신하는 경우가 있다. 鳥之將死 其鳴也哀^{조지장사 기명야애} 人之將死 其言也善^{인지장사 기언야선}: 새가 장차 죽으려 할 때 그(새)가 우는 것이 슬프고, 사람이 장차 죽으려 할 때 그(사람)가 말하는 것이 착하다.

○香 (향기 향, 香 향기 향 부수 0획)

향기(梅一生寒不賣香^{매일생한불매향}: 매화는 평생 추위도 향기를 팔지 않는다), 향기롭다.

【참고】梅一生寒不賣香은 조선 중기의 문인인 상촌 신흠이 그의 저서 『야언(野言)』에서 남긴 명언이다. 선비는 어떠한 역경에서도 기개와 지조를 지키면서 살아야 한다는 뜻이다.

○ 卽^즉 (곧 즉, 卩〈卩〉병부 절 부수 7획)

곧, 당장, 나아가다, 나아가게 하다(可以卽戎矣^{가이즉융의}: 전쟁에 나아가게 할 수 있다).

○ 化^화 (화할 화, 匕 비수 비 부수 2획)

화하다, 변화하다, 동화되다, 바뀌다(變化^{변화}: 바뀌어 달라지다), 교화, 덕화.

○ 矣^의 (어조사 의, 矢 화살 시 부수 2획)

~이다, ~할 것이다, ~하는구나, 문의(文意)를 강조할 때.

[어구풀이]

○ **子曰**^{자왈} : 공자(孔子)께서 말씀하셨다. 여기서 子는 공자를 가리킨다. 스승에 대한 존칭의 뜻으로 사용하였다.

○ **與**^여 : ~와 함께.

○ **善人**^{선인} : 착한 사람.

○ **如入**^{여입} : 들어가는 것과 같다.

○ **芝蘭之室**^{지란지실} : 지초와 난초의 방.

○ **久而**^{구이} : 오래 있으면, 오래도록 있으면.

○ **不聞其香**^{불문기향} : 그 향기를 맡을 수 없다.

○ **與之化矣**^{여지화의} : 그것과 더불어 동화될 것이다. 여기서 之는 '香(향기)'을 가리킨다. 矣는 '~할 것이다'의 뜻으로 추측을 나타낸다.

우봉 조희룡(趙熙龍)의 난초도(蘭草圖)
(서울, 간송미술관 소장)

사람은 오래 사귀어야
그 진심을 알 수 있다

明心寶鑑

路遙知馬力 日久見人心

로 요 지 마 력
路遙知馬力이요

일 구 견 인 심
日久見人心이니라

길이 멀어야 말의 힘을 알 수 있고, 세월이 오래 지나야 사람의 마음을 볼 수 있느니라.

[문장쓰기]

로 요 지 마 력
路遙知馬力이요

일 구 견 인 심
日久見人心이니라

[한자풀이]

○路 (길 로, 足〈⻊〉 발 족 부수 6획) = 道 (길 도)

　길(道路도로, 路上노상: 길가).

○遙 (멀 요, 辵〈辶·⻌〉 책받침 부수 10획)

　멀다, 아득하다(遙遠요원: 아득히 멀다, 멀고 멀다).

○知 (알 지, 矢 화살 시 부수 3획)

　알다, 앎, 지식, 슬기, 지혜(智), 지혜롭다.

○馬^마 (말 마, 馬 말 마 부수 0획)

말(동물 이름, 馬行處 牛亦去^{마행처 우역거}: 말 가는 데 소도 간다. 재주가 좀 부족하더라도 꾸준히 노력하면 일을 이룰 수 있음을 비유한 우리나라 속담이다, 駿馬^{준마}: 잘 달리는 좋은 말), 성씨.

【참고】 미수 허목 선생의 『기언(記言)』 「범해록(泛海錄)」에 보면 경상도 창선(昌善, 지금의 남해군 창선면)에는 태복시(太僕寺)에서 감목(監牧)을 두어 말을 길렀는데 절따말(騂^성: 털빛이 온통 붉은 말)과 가라말(驪^려: 털빛이 검은 말), 아롱진 월따말(騮^류: 털빛이 붉고 갈기가 검은 말)이 있었다고 한다. 산에 들어간 것에는 준마도 많았다고 한다.

○力^력 (힘 력, 力 힘 력 부수 0획)

힘(力拔山氣蓋世^{력발산기개세}: 힘은 산을 뽑을 만하고, 기개는 세상을 뒤덮을 만하다), 힘쓰다.

【참고】 力拔山氣蓋世은 초패왕(楚霸王) 항우(項羽, 기원전 232년~202년)가 지은 해하가(垓下歌)의 첫 부분이다. 항우는 각지에 분봉(分封)한 제후를 통솔하지 못하고 해하에서 한왕(漢王) 유방(劉邦)에게 포위당해 자살했다. 이에 유방은 4년간에 걸친 항우와의 쟁패전에서 항우를 대파하고 천하통일의 대업을 달성하였다.

○日^일 (날 일, 日 날 일 부수 0획)

날, 해, 태양, 매일, 날로(日日新又日新^{일일신우일신}: 날로 날로 새롭게 하며 또 날로 새롭게 한다), 나날이.

○久^구 (오랠 구, 丿 삐침 부수 2획)

오래다(悠久^{유구}: 멀고 오래되다, 鳥久止 必帶矢^{조구지 필대시}: 새도 오래 앉아 있으면 반드시 화살을 맞는다. 편한 곳에 오래 있으면 화를 입음을 비유한 우리나라 속담이다), 오래 지속되다.

○見^견 (볼 견 / 나타날, 뵐 현, 見 볼 견 부수 0획)

보다, 나타나다(讀書百遍義自見^{독서백편의자현}: 책을 백 번 읽으면 뜻이 저절로 나타난다), 뵙다(謁見^{알현}: [지체 높은 분을] 뵙다).

○ **人**^인 (사람 인, 人〈亻〉사람 인 부수 0획)

　　사람, 남, 다른 사람(我敬人親 人敬我親^{아경인친 인경아친}: 내가 다른 사람의 부모를 공경하면, 다른 사람도 내 부모를 공경한다), 사람대접하다(人其人^{인기인}: 그 사람을 사람대접하다).

○ **心**^심 (마음 심, 心〈忄·小〉마음 심 부수 0획)

　　마음(良心^{양심}: [사람으로서 마땅히 가져야 할] 바르고 착한 마음).

[어구풀이]

　○ **路遙**^{로요} : 길이 멀다.

　○ **馬力**^{마력} : 말의 힘.

　○ **日久**^{일구} : 날이 오래 되다, 세월이 오래 되다.

　○ **見**^견 : 보다, 알다.

　○ **人心**^{인심} : 사람의 마음.

　○ **見人心**^{견인심} : 사람의 마음을 보다, 사람의 마음을 알다.

48선 明心寶鑑

가족의 중심에 어진 아내가 있다

家有賢妻 夫不遭橫禍

_가_유_현_처
家有賢妻면　_부_불_조_횡_화 夫不遭橫禍니라

집안에 현명한 아내가 있으면 남편이 뜻밖의 나쁜 일을 만나지 않느니라.

[문장쓰기]

家有賢妻면　夫不遭橫禍니라

[한자풀이]

○家 (집 가, 宀 갓머리 부수 7획)

　　집, 집안, 집을 장만하여 살다(晚家南山陲^{만가남산수}: 만년에는 남산 기슭에서 산다),
　　문학이나 예술 등의 창작 활동을 전문으로 하는 사람(小說家^{소설가}: 소설을 쓰는 사
　　람, 寫眞作家^{사진작가}: 사진을 전문으로 찍는 사람).

○有 (있을 유, 月 달 월 부수 2획)

　　있다, 어떤(특별히 가리키는 대상은 없다, 有民兄弟^{유민형제}: 어떤 백성의 형제), 다시,
　　또(終則有始 天行也^{종즉유시 천행야}: 끝나면 또 시작하는 것이 하늘의 운행이다), 문장
　　의 어조를 고르게 할 때.

○賢 ^현 (어질 현, 貝 조개 패 부수 8획)

어질다, 현명하다, 어진 사람, 현인(賢人: 학문과 덕행의 뛰어남이 성인<聖人> 다음가는 사람).

○妻 ^처 (아내 처, 女 계집 녀 부수 5획)

아내(妻家^{처가}: 아내의 본집), 아내로 삼다, ~에게 시집보내다, 사위로 삼다(可妻也^{가처야}: 삼위로 삼을 만하다).

○夫 ^부 (지아비 부, 大 큰 대 부수 1획)

남편, 사내(丈夫^{장부}: 건장한 사나이, 장성한 남자), 무릇, 대저.

○不 ^불 (아닐 불, 一 한 일 부수 3획)

아니다, 아니하다, 않다, 못하다.

○遭 ^조 (만날 조, 辵〈辶·辶〉 책받침 부수 11획)

만나다(不遭時^{불조시}: [좋은] 때를 만나지 못하다), ~을 당하다.

【참고】 회재불우(懷才不遇)라는 말이 있다. 재능과 포부가 있으나 때를 만나지 못하여 나라에 중용되지 못함을 일컫는 말이다. 조선시대 윤종억의 『도금강(渡錦江)』은 뜻을 이루지 못하고 고향으로 돌아가는 회재불우의 회환을 담아낸 한시(漢詩)이다.

錦江江水碧於油^{금강강수벽어유}: 금강의 강물은 기름보다 푸르른데

雨裡行人立渡頭^{우리행인립도두}: 빗속에 나그네 나루터에 서 있네.

初年濟世安民策^{초년제세안민책}: 젊었을 적 품었던 제세안민의 책략은

不及梢工一葉舟^{불급초공일엽주}: 뱃사공의 작은 배만도 못하구나.

(渡錦江: 금강을 건너며, 錦江江水: 금강의 강물, 碧於油: 기름보다 푸르다, 雨裡: 빗속에, 行人: 나그네, 立: 서 있다. 渡頭: 나루 머리, 나루터, 初年: 젊은 시절, 濟世安民: 세상을 건지고 백성을 편안케 하다, 세상을 구제하고 민생을 안정시키다, 策: 책략, 일을 처리하는 꾀나 방법, 不及~: ~만 못하다, ~에 미치지 못하다, 梢工: 뱃사공, 一葉舟: 나뭇잎 같은 배, 작은 배)

○橫 (가로 횡, 木 나무 목 부수 12획) ↔ 縱 (세로 종)

　　가로, 모로, 옆으로, 가로놓이다, (팔 따위를) 옆으로 뻗다, 뜻밖에.

○禍 (재화 화, 示〈礻〉 보일 시 부수 9획)

　　화, 재화, 재앙(禍亂^{화란}: 재앙과 혼란).

[어구풀이]

○ 家有^{가유} : 집에 있다, 집안에 있다.

○ 賢妻^{현처} : 현명한 아내.

○ 不遭^{불조} : 만나지 않다, 당하지 않다.

○ 橫禍^{횡화} : 뜻밖의 화, 뜻밖의 나쁜 일, 뜻밖의 곤란한 일.

[보충설명]

한 가정의 남편이 사회생활을 하면서 남과의 선의의 경쟁을 하다보면 사업에 실패하고 혹은 경제적으로 어려운 처지에 놓이는 경우가 있다. 이럴 때 아내는 실의에 빠진 남편을 따뜻하게 감싸주고 소중한 가정을 생각하면서 어려움을 극복하는 지혜를 밝혀주어야 한다. 함께 자포자기한다면 남편이 가족 전체를 극단적인 불행의 덫으로 몰고 갈 수도 있기 때문이다. 자라나는 자녀들에게 부모는 우주와도 바꿀 수 없는 소중한 존재일 뿐만 아니라 앞으로의 희망과 꿈이 부모보다는 더 많다는 사실을 잠시라도 잊어서는 안 된다.

49선 明心寶鑑

늙어서 후회하지 않으려면
내일로 미루지 말아라.

明心寶鑑

朱子曰 勿謂今日不學而有來日
勿謂今年不學而有來年 日月逝矣
歲不我延 嗚呼老矣 是誰之愆

주^자왈 朱子曰 물^위금^일불^학이^유래 勿謂今日不學而有來

일 日_{하며} 물^위금^년불^학이^유래^년 勿謂今年不學而有來年

_{하라} 일^월서^의 日月逝矣_라 세^불아^연 歲不我延_{이니}

오^호로^의 嗚呼老矣_라 시^수지^건 是誰之愆_고

주자(朱子)가 말하기를, "오늘 배우지 않고서 내일이 있다고 말하지 말며, 올해 배우지 않고서 내년이 있다고 말하지 말라. 해와 달이 가는구나! 세월은 나를 기다려 주지 않나니 아, 늙었구나! 이 누구의 허물인가?"하였다.

朱子曰 勿謂今日不學而有來
日하며 勿謂今年不學而有來年
하라 日月逝矣라 歲不我延이니
嗚呼老矣라 是誰之愆고

[인물과 책명]

○ 주자(朱子, 1130년~1200년)

송(宋)나라 때의 학자이자 사상가이다. 이름은 희(熹)이고, 호는 회암(晦庵)이다. 그를 높이는 뜻에서 보통 주문공(朱文公) 또는 주자라고 부른다. 성리학을 집대성하였으며 많은 저서를 남겼다. 막내아들 주재가 편찬한 『주문공문집(朱文公文集)』, 여정덕이 편찬한 『주자어류(朱子語類)』가 있다.

○朱 (붉을 주, 木 나무 목 부수 2획)

　붉다, 붉은색, 붉은빛, 성씨.

○子 (아들 자, 子 아들 자 부수 0획)

　아들, 자식(아들과 딸), 씨앗, 열매(結子결자: 열매를 맺다), 옛날에 제자가 스승에 대해 쓰던 존칭어(孔子공자, 孟子맹자, 朱子주자).

○曰 (가로 왈, 曰 가로 왈 부수 0획)

　말하다(曰可曰否왈가왈부: 옳다 그르다하며 이러쿵저러쿵 말하다), 말씀하시다.

○勿 (말 물, 勹 쌀포 부수 2획)

　~하지 말라, ~해서는 안 된다.

○謂 (이를 위, 言 말씀 언 부수 9획)

　이르다, 말하다.

○今 (이제 금, 人〈亻〉 사람 인 부수 2획)

　이제, 지금, 오늘(今之衆人금지중인: 오늘날의 많은 사람들), 현재.

○日 (날 일, 日 날 일 부수 0획)

　날, 해, 태양, 매일, 날로(日日新又日新일일신우일신: 날로 날로 새롭게 하며 또 날로 새롭게 한다), 나날이.

○不 (아닐 불, 一 한 일 부수 3획)

　아니다, 아니하다, 않다, 못하다.

○學 (배울 학, 子 아들 자 부수 13획)

　배우다, 배움, 학문, 배운 사람(吾必謂之學矣오필위지학의: 나는 반드시 그를 배운 사람이라고 말하겠다).

　【참고】學은 모른 것을 남에게서 배우는 것이고, 習(익힐 습)은 그 배운 것을 스스

로 되풀이하여 계속 익히는 것이다.

○而 (말 이을 이, 而 말 이을 이 부수 0획)

~하고, ~하며, ~하되, ~하지만, 너, 그대(余而祖也^{여이조야}: 나는 그대의 조상이다).

○有 (있을 유, 月 달 월 부수 2획)

있다, 어떤(특별히 가리키는 대상은 없다, 有民兄弟^{유민형제}: 어떤 백성의 형제), 다시, 또(終則有始 天行也^{종즉유시 천행야}: 끝나면 또 시작하는 것이 하늘의 운행이다), 문장의 어조를 고르게 할 때.

○來 (올 래, 人〈亻〉 사람 인 부수 6획) ↔ 往 (갈 왕)

오다(寒來署往^{한래서왕}: 추위가 오면 더위는 간다), 앞으로 오게 될 일.

○年 (해 년, 干 방패 간 부수 3획) = 歲 (해 세)

해(年俸^{연봉}: 한 해 동안에 받는 봉급, 年事^{연사}: 한 해의 일, 그 해의 농사), 나이(盛年^{성년}: 젊은 나이, 나이가 한 창 때, 청장년).

【참고】 年과 歲는 일 년 단위의 '해'를 의미한다.

○月 (달 월, 月 달 월 부수 0획)

달(月者 太陰之精^{월자 태음지정}: 달이란 태음의 정기이다), 세월.

○逝 (갈 서, 辵〈辶·辶〉 책받침 부수 7획)

가다(逝川^{서천}: 흘러가는 냇물. 한 번 가면 다시 돌아오지 않는 세월을 비유한 말이다), 나아가다, 달려가다, 죽다(逝去^{서거}: 죽어서 세상을 떠나다. 남의 죽음을 높이어 이르는 말이다).

○矣 (어조사 의, 矢 화살 시 부수 2획)

~이다, ~할 것이다, ~하는구나, 문의(文意)를 강조할 때.

○歲 (해 세, 止 그칠 지 부수 9획) = 年 (해 년)

해(歲歲年年^{세세년년}: 해마다, 是歲^{시세}: 이 해, 올해), 일 년(三歲^{삼세}: 삼 년), 세월, 나이(七歲^{칠세}: 일곱 살).

【참고】 歲과 年은 일 년 단위의 '해'를 의미한다.

○**我** (나 아, 戈 창 과 부수 3획) = (吾 나 오 / 余 나 여 / 予 나 여)

나, 나의(三人行則必有我師焉^{삼인행즉필유아사언}: 세 사람이 [함께] 길을 가게 되면 그 속에 반드시 나의 스승이 있다), 내.

【참고】 여기서 三人은 나보다 나은 사람, 나보다 못한 사람 그리고 나 자신을 가리킨다.

○**延** (끌 연, 廴 민책받침 부수 4획)

끌다, 늦추다, 지체하다, 지연시키다.

○**嗚** (탄식 소리 오, 口 입 구 부수 10획) ≒ 鳴 (울, 울릴 명)

슬플 때나 탄식할 때(嗚呼^{오호}: 아!, 오!).

○**呼** (부를 호, 口 입 구 부수 5획)

부르다(呼名^{호명}: 이름을 부르다), 숨을 내쉬다(呼吸^{호흡}: 숨을 내쉬고 들이쉬다), 슬플 때나 탄식할 때(嗚呼^{오호}: 아!, 오!).

○**老** (늙을 로, 老〈耂〉 늙을 로 부수 0획)

늙다, 늙은 부모, 늙은 부모로서 섬기다(老吾老^{로오로}: 내 집의 늙은 부모를 늙은 부모로서 섬기다), 늙은이.

○**是** (이 시, 日 날 일 부수 5획)

이, 이것, 옳다(是非^{시비}: 어떤 일의 옳음과 그름), ~이다, 구절을 강조하기 위해 도치를 시킬 때(寸陰是競^{촌음시경}: [인생의] 아주 짧은 시간을 아끼어라).

○**誰** (누구 수, 言 말씀 언 부수 8획)

누구(此誰也^{차수야}: 이 사람은 누구냐?, 是誰之過與^{시수지과여}: 이것은 누구의 잘못이겠느냐?), 누가(誰不爲^{수불위}: 누가 하지 않느냐?).

○**之** (갈 지, 丿 삐침 부수 3획)

가다(목적지가 반드시 있다, 之渤海^{지발해}: 발해로 가다), 그, 그것, 이, 이것, ~이, ~가, ~은(는), ~의, ~하는, ~한.

【참고】 渤海는 698년에 우리 민족(대조영이 이끄는 고구려 유민)이 주축이 되고 말갈족이 참여해서 세운 나라였다. 한때는 해동성국(海東盛國)이라 불릴 만큼 큰 나라

로 성장하였지만, 거란의 침입으로 926년에 멸망하였다. 지금에 와서는 발해를 어느 민족의 역사인가를 두고 한·중·러·일 사이에 논쟁이 되고 있다. 우리와 일본은 고구려 계통의 역사로 보지만 중국이나 러시아는 말갈족의 역사라고 주장한다.

○ 愆 (허물 건, 心〈忄·小〉 마음 심 부수 9획)

　　허물, 과실.

[어구풀이]

○ **朱子曰**^{주자왈} : 주자가 말하였다. 여기서 子는 스승에 대한 존칭의 뜻으로 사용하였다.

○ **勿謂**^{물위} : 말하지 말라, 말해서는 안 된다. 勿은 '～하지 말라, ～해서는 안 된다'는 금지의 뜻을 나타낸다.

○ **今日**^{금일} : 오늘.

○ **不學**^{불학} : 배우지 아니하다, 배우지 않다.

○ **有來日**^{유래일} : 내일이 있다.

○ **今年**^{금년} : 올해.

○ **有來年**^{유래년} : 내년이 있다.

○ **日月逝矣**^{일월서의} : 해와 달이 가는구나! 세월이 가는구나! 여기서 矣는 '～하는구나'의 뜻이다.

○ **延**^연 : 끌다, 늦추다, 지체하다. 여기서는 '기다리다'의 뜻으로 해석하는 것이 좋다.

○ **嗚呼**^{오호} : 아!, 오!. 탄식을 나타낸다.

○ **嗚呼老矣**^{오호로의} : 아, 늙었구나! 여기서 矣는 '～하는구나'의 뜻이다.

○ **是誰之愆**^{시수지건} : 이 누구의 허물인가? 여기서 之는 '～의'의 뜻이다.

젊음은 다시 오지 않는다

陶淵明詩云 盛年 不重來 一日 難再晨

及時當勉勵 歲月 不待人

陶淵明詩_에云 盛年_은 不重來_하

고 一日_은 難再晨_{이니} 及時當勉

勵_{하라} 歲月_은 不待人_{이니라}

「도연명(陶淵明)의 시」에 말하기를, "젊은 나이는 거듭 오지 아니하고, 하루에 새벽은 두 번이 없으니 제 때에 마땅히 학문에 힘쓰라. 세월은 사람을 기다리지 않느니라."하였다.

[문장쓰기]

陶淵明詩에云 盛年은 不重來하

고 一日은 難再晨이니 及時當勉

勵하라 歲月은 不待人이니라

[인물과 책명]

○ 도연명(陶淵明, 365년~427년)

이름은 잠(潛)이고, 자(字)는 연명(淵明) 또는 원량(元亮)이다. 중국의 가장 위대한 시인 중의 한 사람이다. 평택현령을 마지막으로 관직생활을 청산하고 만년에는 전원생활로 일관하였다. 문집으로는 『도연명집(陶淵明集)』이 있다.

[한자풀이]

○陶 (질그릇 도, 阜〈阝〉 언덕 부 부수 8획)

질그릇, 기뻐하다(陶醉^{도취}: 어떤 일로 기뻐하여 거기에 흠뻑 취하다), 성씨.

○淵 (못 연, 水〈氵·氺〉 물 수 부수 9획)

못, 웅덩이.

【참고】 못을 뜻하는 한자로는 淵 외에도 지(池), 당(塘), 소(沼), 호(湖), 택(澤) 등이 있다. 지(池)가 땅을 파서 물을 가둔 둥근 모양의 못이라면, 당(塘)은 흙으로 둑을 쌓아서 물을 가둔 못을 말한다. 소(沼)는 굴곡지게 판 못이고 湖(호)는 池나 沼보다 규모가 큰 못을 말하고, 澤(택)은 물이 얕게 괴어 있는 늪을 말한다.

○明 (밝을 명, 日 날 일 부수 4획)

밝다, 밝음, 밝히다, 현명하다(子雖賢 不敎不明^{자수현 불교불명}: 자식이 비록 어질지라도 가르치지 않으면 현명하지 못하다), 명나라(나라 이름).

○詩 (시 시, 言 말씀 언 부수 6획)

시(詩人^{시인}: 시를 잘 짓는 사람, 詩意^{시의}: 시의 정취, 詩癖^{시벽}: 시를 짓지 않고는 못 배기는 병), 시경(詩經: 공자<孔子>께서 편집했으며 유학의 경전이면서 중국 최초의 시집이다).

○云 (이를 운, 二 두 이 부수 2획)

이르다, 말하다.

○盛 (성할 성, 皿 그릇 명 부수 7획)

성하다(기운이나 세력이 한창 왕성하다), 가득차다, 가득하다(豊盛^{풍성}: 넉넉하고 가득하다).

○年 (해 년, 干 방패 간 부수 3획) = 歲 (해 세)

해(年俸^{연봉}: 한 해 동안에 받는 봉급, 年事^{연사}: 한 해의 일, 그 해의 농사), 나이. 盛年^{성년}: 젊은 나이, 나이가 한 창 때, 청장년)

【참고】年과 歲는 일 년 단위의 '해'를 의미한다.

○不 (아닐 불, 一 한 일 부수 3획)

아니다, 아니하다, 않다, 못하다.

○重 (무거울 중, 里 마을 리 부수 2획)

무겁다, 무겁게 하다, 신중하다, 소중히 여기다, 다시, 거듭(重複^{중복}).

○來 (올 래, 人〈亻〉사람 인 부수 6획) ↔ 往 (갈 왕)

오다(寒來署往^{한래서왕}: 추위가 오면 더위는 간다), 앞으로 오게 될 일.

○一 (한 일, 一 한 일 부수 0획)

하나, 첫째, 한 번, 통일하다(孰能一天下^{숙능일천하}: 누가 능히 천하를 통일하겠습니까?).

○日 (날 일, 日 날 일 부수 0획)

날, 해, 태양, 매일, 날로(日日新又日新^{일일신우일신}: 날로 날로 새롭게 하며 또 날로 새롭게 한다), 나날이.

○難 (어려울 난, 隹 새 추 부수 11획)

어렵다(人間行路難^{인간행로난}: 인생살이는 힘들다. 사람이 살아가는 평생의 여정은 내내 어려운 길을 가는 것과 같음을 나타낸 말이다), 어려운 일, 비난하다, 나무라다.

○再 (두 재, 冂 멀 경 부수 4획)

둘, 두 번(再三^{재삼}: 두세 번), 거듭, 다시.

○晨 (새벽 신, 日 날 일 부수 7획)

새벽(晨光^{신광}: 새벽빛).

○及 (미칠 급, 又 또 우 부수 2획) ≒ 乃 (이에, 바로 내)

미치다, 이르다, ～와(과)(予及汝^{여급여}: 나와 너), 및(高句麗及百濟新羅^{고구려급백제신라}: 고구려 및 백제, 신라).

○時 (때 시, 日 날 일 부수 6획)

때, 제 때에, 때맞추어(時習^{시습}: 제 때에 익히다, 時雨^{시우}: 때맞추어 오는 비), 계절(四時^{사시}: [봄, 여름, 가을, 겨울의] 사계절).

○當 (마땅히 당, 田 밭 전 부수 8획)

마땅히(當歸^{당귀}: 마땅히 돌아온다는 뜻의 한약재 이름), 마땅히 ～해야 한다(當先治心^{당선치심}: 마땅히 먼저 마음을 다스려야 한다), ～ 하는 상황에 당하다(처하다).

【참고】當歸는 한약에서 기혈이 다시 제자리로 돌아온다 하여 붙여진 이름의 약초이다. 보혈 작용이 있어서 나쁜 피를 몰아내고 산전 산후의 회복과 손발 찬 증상 등에 효과가 있다고 한다. 또한 옛 풍습에 부인들이 싸움터에 나가는 남편의 품속에 당귀를 넣어 주었는데 남편이 반드시 살아서 돌아오기를 바라는 뜻을 담고 있다.

○勉 (힘쓸 면, 力 힘 력 부수 7획)

힘쓰다(刻苦勉勵^{각고면려}: 고생을 이겨 내면서 온 힘을 다하다).

○勵 (힘쓸 려, 力 힘 력 부수 15획)

힘쓰다(獎勵^{장려}: 잘하도록 권하고 힘써 북돋워 주다).

○歲 (해 세, 止 그칠 지 부수 15획) = 年 (해 년)

해(歲歲年年^{세세년년}: 해마다, 是歲^{시세}: 이 해, 올해), 일 년(三歲^{삼세}: 삼 년), 세월, 나이(七歲^{칠세}: 일곱 살).

【참고】歲와 年은 일 년 단위의 '해'를 의미한다.

○ **月** (달 월, 月 달 월 부수 0획)

　　달(月者 太陰之精^{월자 태음지정}: 달이란 태음의 정기이다), 세월.

○ **待** (기다릴 대, 彳 두인변 부수 6획) ≒ (侍 모실 시 / 恃 믿을 시)

　　기다리다, 대접하다(厚待^{후대}: 후하게 대접하다).

○ **人** (사람 인, 人〈亻〉 사람 인 부수 0획)

　　사람, 남, 다른 사람(我敬人親 人敬我親^{아경인친 인경아친}: 내가 다른 사람의 부모를 공경하면, 다른 사람도 내 부모를 공경한다), 사람대접하다(人其人^{인기인}: 그 사람을 사람대접하다).

[어구풀이]

○ **陶淵明詩云**^{도연명시운} : 「도연명의 시」에 쓰여 있다, 「도연명의 시」에 말하였다. '云' 앞에 책명이나 편명 등이 올 때는 '쓰여 있다'는 뜻으로 생각하면 된다.

○ **盛年**^{성년} : 젊은 나이, 나이가 한 창 때, 청장년.

○ **不重來**^{불중래} : 거듭 오지 않다, 다시 오지 않다.

○ **一日**^{일일} : 하루, 하룻동안.

○ **難再晨**^{난재신} : 두 번의 새벽이 오는 것이 어렵다. 하루에 새벽은 두 번이 없다는 말이다.

○ **及時**^{급시} : 때에 이르러, 제 때에. 及은 '~함에 이르러'의 뜻이다.

○ **當勉勵**^{당면려} : 마땅히 [학문에] 힘쓰다, 마땅히 [학문에] 노력하다.

○ **不待人**^{불대인} : 사람을 기다리지 않는다.

작자 미상의 도연명도(陶淵明圖) (중국)

● **김성일(金誠一, 1538년~1593년)**

조선 중기의 문신. 호는 학봉(鶴峰), 본관은 의성이다. 유성룡과 더불어 퇴계 이황 선생의 뛰어난 제자로 임진왜란이라는 엄청난 나라의 어려움을 맞아 경상우도 순찰사로서 나라를 구하려고 온 몸을 불사르다 진주성에서 병사하였다. 문집으로『학봉집』이 전한다.

● **김정희(金正喜, 1786년~1856년)**

조선 후기의 서예가. 호는 완당(阮堂) 또는 추사(秋史), 본관은 경주이다. 실학파의 학자이며 우리나라에서 가장 유명한 서예가로 중국에서도 그의 작품은 높은 평가를 받았다. 대사성의 높은 벼슬에까지 올랐으나 당쟁에 휘말려 오랫동안 귀양살이를 했다. 저서에『완당집』이 있다.

● **김홍도(金弘道, 1745년~1806년 추측)**

조선 후기의 화가. 호는 단원(檀園), 본관은 김해이다. 표암 강세황으로부터 화법을 두루 익혔고 도화서 화원으로 정조 어진 원유관본 제작에 참여한 공로로 연풍 현감이 되었다. 모든 그림 분야에 뛰어났고 만년에는 병과 가난에 시달렸다. 대표 작품으로「군선도병」,「단원병진년화첩」,「단원풍속화첩」등이 있다.

● **대조영(大祚榮, ?~719년)**

고구려가 멸망한 후 당나라의 고구려 유민 분산정책에 따라 요하 서쪽 영주 지방으로 그의 가족과 함께 이주하였다. 고구려 유민과 말갈족을 규합하여 국가건설의 기반을 굳히고 699년 동모산에 도읍하여 발해를 세웠다. 재위기간은 698에서 719년까지이다.

● **박래겸(朴來謙, 1780년~1842년)**

조선 후기의 관료. 호는 탑서(塔西), 본관은 밀양이다. 문과에 급제한 후 사관과 언관, 경연관을 두루 맡으면서 임금을 모시고 호조참판, 의주부윤까지 승진한 엘리트 관원이지만 학파나 권세가에 얽매이지 않았다. 특히 암행어사로서 평안도를 돌아본 사정을『서수일기(西繡日記)』로 남겼다.

● 세종(世宗, 1397년~1450년)

조선의 제4대 임금. 이름은 도(祹), 자는 원정(元正)이다. 학문을 좋아하였고 경사(經史)에 널리 통달하였다. 우리나라 역대 임금 가운데서 가장 찬란한 업적을 남겼으며 동방의 요순(堯舜)이라는 칭송을 받았다. 시호는 장헌(莊憲)이다.

● 신흠(申欽, 1566년~1628년)

조선 중기의 문신, 자는 경숙(敬叔), 호는 상촌(象村)이다. 어려서부터 문장으로 이름이 높아 한문 4대가의 한 사람으로 꼽힌다. 벼슬이 대제학과 영의정에 이르렀고 만년에는 자연에 묻혀 지냈다. 문집에 『상촌집』이 있다.

● 안중근(安重根, 1879년~1910년)

한말의 교육가, 의사(義士), 의병장. 본관은 순흥이다. 1904년에 러일전쟁이 일어나자 상해로 망명하였다가 이듬해 교육 등 독립사상 고취를 위해서 귀국하였다. 1909년 10월 26일 하얼빈에서 주권 침탈의 원흉 이등박문을 저격하였다. 1910년 3월 여순 감옥 형장에서 순국하였다.

● 윤종억(尹種億, 1788년~1817년)

조선 후기의 문인. 자는 윤경(輪卿), 호는 취록당(醉綠堂)이다. 다산 정약용의 문인이다.

● 이봉창(李奉昌, 1900년~1932년)

독립운동가. 1931년 김구 선생을 만나면서 한인애국단원이 되었다. 조국의 독립과 자유를 회복하기 위해 1932년 1월 8일 왜노왕(倭奴王)을 처단하고자 수류탄을 던졌으나 애석하게도 명중시키지 못하고 시곡 형무소에서 순국하였다.

● 이순신(李舜臣, 1545년~1598년)

조선 중기의 명장. 자는 여해(汝諧), 본관은 덕수이다. 임진왜란의 위기에서 바다를 제패함으로써 나라를 구해내었고 주위의 모함으로 옥에 갇히기도 하였으나 일관된 우국충정은 변함이 없었다. 1598년 임진왜란의 막바지 전투인 노량해전에서 순국하였다. 시호는 충무(忠武)이다.

- **이이(李珥, 1536년~1584년)**

  조선 중기의 대학자. 호는 율곡(栗谷), 본관은 덕수이다. 어머니는 사임당 신씨. 무려 아홉 차례나 과거에 장원으로 급제하였고, 대사간, 대사헌, 이조 판서, 병조 판서 등의 벼슬을 역임하였다. 기상이 호탕하고 도량이 넓으며, 성리학에서 이기일원론을 주장하였다. 시에도 능해 따뜻한 마음이 담긴 아름다운 작품을 많이 남겼다. 문집 『율곡전서』를 남겼다.

- **이황(李滉, 1501년~1570년)**

  조선 중기의 대학자. 호는 퇴계(退溪), 본관은 진성이다. 잠시 벼슬하였으나, 평생 벼슬에 뜻이 없어 임금이 여러 번 특명으로 불렀어도 올라오지 않고, 향리에서 후학을 양성하면서 학문 연구에 몰두하였다. 성리학에서 이기이원론을 주장하여 기대승과 이에 대해 토론하였다. 매화를 특히 사랑하여 문집 속에 수많은 매화 시가 남아 있다. 문집 『퇴계전서』가 남아 있다.

- **전기(田琦, 1825년~1854년)**

  조선 후기의 화가. 호는 고람(古藍), 본관은 개성이다. 추사 김정희의 문하에서 서화를 배웠다. 스승의 서화 정신을 가장 잘 이해하고 구사했던 인물로 크게 촉망받았으나 30세의 젊은 나이로 병사하였다.

- **정몽주(鄭夢周, 1337년~1392년)**

  고려 말의 학자이자 문인. 호는 포은(圃隱), 본관은 연일이다. 고려 말 이성계에 반대하다가 이방원에 의해 선죽교에서 죽었다. 외교적 사명을 띠고 명나라와 일본을 왕래하였다. 성리학에 뛰어난 학자이면서 아름다운 시를 많이 남겼다. 시호는 문충이고 문집으로 『포은집』이 전한다.

- **정약용(丁若鏞, 1762년~1836년)**

  조선 후기의 대학자. 호는 다산(茶山), 본관은 나주이다. 문과에 급제하여 벼슬이 부승지에 이르렀다. 수원성을 쌓을 때는 기중기를 만들어 과학 기술을 이용하기도 했다. 천주교 박해 때 천주교 신자라 하여 19년간 강진에서 귀양살이를 했다. 이 기간 동안 그는 참으로 많은 책을 저술하였다. 저서에 방대한 『여유당전서』가 남아 있다. 유배지에서 아들에게 보낸 수많은 편지와 아름다운 시문들이 전한다.

● 정조(正祖, 1752년~1800년)

조선의 제22대 임금. 이름은 산(祘), 호는 홍재(弘齋)이다. 학문을 좋아하였고 활쏘기에도 능하였다. 조선 후기의 개혁 군주로서 백성과 나라의 중흥을 위해 노력하였으나 당시에 서양과의 직접적인 접촉이 없어 조선의 산업혁명을 이루지 못하고 49세의 길지 않은 생애를 마쳤다. 세계 역사상 철인군주의 표상으로 보아도 좋을 듯한 총 100권에 달하는 방대한 문집 『홍재전서』를 남겼다.

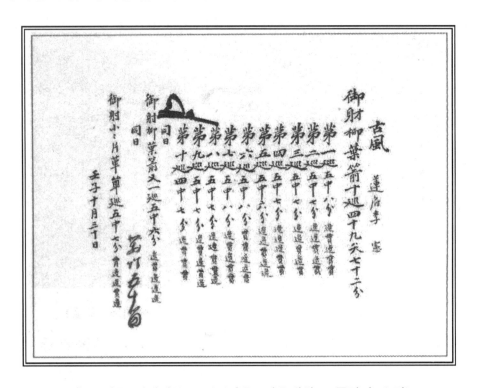

정조 임금 어사기(御射記) (서울, 서울대학교 규장각 소장)

● 조희룡(趙熙龍, 1789년~1866년)

조선 후기의 화가. 호는 우봉(又峰) 또는 매수(梅叟), 본관은 평양이다. 추사 김정희의 문인이며 시·글씨·그림에 모두 뛰어났다. 저서로는 『석우망년록』과 『호산외기』가 있다.

● 허목(許穆, 1595년~1682년)

조선 중기의 학자. 호는 미수(眉叟), 본관은 양천이다. 당시 우암 송시열과 함께 쌍벽을 이룬 학자로서 1674년 효종비인 인선대비가 죽자 조대비의 복상을 놓고 우암 송시열과 큰 논쟁을 벌였다. 여든에 영의정에 올랐고 전서 글씨에도 뛰어났다. 저서에 『기언』과 『동사』 등이 있다.

[읽고 도움 받은 책들]

강혜근·강택구·유일환·한학중, 『한자동의어사전』, 궁미디어, 2012.

국립중앙박물관, 『다산 정약용 하늘을 받들어 백성을 보듬다』, 2012.

국립해양문화재연구소 편저, 『명량』, 2015.

국학진흥연구사업추진위원회 편, 『한국간찰자료선집12, 안동 금계 의성김씨 학봉 김성일 종택편』, 한국학중앙연구원, 2008.

고려대학교 편정, 『한글판 신명심보감』, 고대 민족문화연구소, 1996.

김경수, 『100자에 담긴 한자문화이야기』, 전통문화연구회, 2012.

김경수, 『문화로 읽는 한자이야기(한글자편)』, 도서출판 삼화, 2013.

김구(도진순 주해), 『백범일지』, 돌베개, 1997.

김길춘, 『쉽게 배우는 본초학 해설』, 신일북스, 2012.

김대현, 『충무공 이순신 삶, 시대 그리고 그의 자취』, 예맥, 2014.

김도련·유영희, 『한문이란 무엇인가』, 전통문화연구회, 1996.

김문식·김정호, 『조선의 왕세자 교육』, 김영사, 2003.

김 생, 『힘차게 읽어요 사자소학』, 성균관출판부, 2008.

김석진, 『대산 계몽·명심보감 강설』, 동문서숙, 2013.

김원중, 『한문강좌』, 을유문화사, 1997.

김원중 편저, 『허사대사전』, 현암사, 2003.

김익수 역주, 『국역 효경대의』, 수덕문화사, 1979.

김홍석, 『한국생활백서』, 연필의 힘, 2017.

동아일보, 「금란계 애국의 길 100년」, 2003년 6월 10일자 기사.

동아일보, 「조선시대 시호 임금 재가까지 행정처리 과정 담은 문서 발견」, 2009년 8월 18일자 기사.

동아일보, 「윤세영의 따뜻한 동행, 열림과 낮춤」, 2015년 1월 29일자 기사.

민족문화추진회 역, 『국역 미수기언(Ⅳ)』, 민족문화문고간행회, 1984.

려증동, 『거짓이여 물러가라』, 가람출판사, 2010.

류성룡(김종권 역주), 『징비록』, 명문당, 1987.

류종목, 『논어의 문법적 이해』, 문학과 지성사, 2010.

박래겸(오수창 역해), 『서수일기』, 아카넷, 2015.

박문기, 『한자는 우리글이다』, 도서출판 양문, 2001.

『백범회보』(제55호), 백범김구 기념관 백범김구선생 기념사업회 재단법인 김구재단, 2017.

『선비문화』(제20호), 남명학연구원, 2011.

성백효 역주, 『현토완역 명심보감』, 전통문화연구회, 2001.

성백효 역주, 『현토완역 소학집주』, 전통문화연구회, 2001.

성백효 역주, 『현토완역 맹자집주』, 전통문화연구회, 2003.

신연우, 『가려 뽑은 우리 시조』, 현암사, 2004.

안병국, 『고대 한어 어법의 기초』, 한국방송대학교 출판부, 1999.

안병주 외 공역, 『논어』, 성균관대학교 출판부, 1987.

왕유(박삼수 역주), 『왕유시전집』, 현암사, 2008.

우현민 편저, 『제자백가의 명언』, 창조사, 1993.

유홍준 글·이태호 사진,『문자도』, 대원사, 1995.

이기동 역해,『대학·중용강설』, 성균관대학교 출판부, 1993.

이기동 역해,『논어강설』, 성균관대학교 출판부, 2001.

이기동 역해,『맹자강설』, 성균관대학교 출판부, 2003.

이명수,『교수용 지도서 명심보감』, 전통문화연구회, 2001.

이명학,『교양인을 위한 한문의 세계』, 성균관대학교 출판부, 2015.

이민수 역,『한문독본·학어집』, 을유문화사, 1990.

이석호 편역,『조선왕조 어필어보집』, 전주이씨 대동종약원, 1984.

이선근·윤갑병 엮음,『효자리 마을의 영광』, 동아출판사, 1992.

이해영,『학봉 김성일의 생각과 삶』, 한국국학진흥원, 2010.

임동석 역주,『석시현문』, 동서문화사, 2013.

임창순 편저,『한문강좌·한중고사』, 일지사, 1993.

장기근 옮김,『명심보감』, 범우사, 2002.

장양호(정애리시 옮김),『삼사충고』, 새물결, 1999.

전규태,『한국시가연구』, 고려원, 1986.

전호근,『교수용 지도서 동몽선습』, 전통문화연구회, 2001.

정민,『정민 선생님이 들려주는 한시이야기』, 보림, 2003.

정민·박수밀·박동욱·강민경,『살아있는 한자교과서(제1권)(제2권)』, 휴머니스트, 2004.

정민,『책벌레와 메모광』, 문학동네, 2015.

정약용(하영휘 역),『하피첩, 부모의 향기로운 은택』, 국립민속박물관, 2016.

정양모,『조선시대 화가 총람 1』, ㈜시공사, 2018.

정창권 풀어 씀,『홀로 벼슬하며 그대를 생각하노라』, 사계절, 2013.

정후수,『천자문』, 도서출판 장락, 2001.

중앙일보,「평화 오디세이 2016 참가자 릴레이 기고(8), 연해주에서 되돌아 보는 발해사」, 2016년 10월 12일자 기사.

지세화 편저,『이야기 중국문화사(상)』, 열빛, 2002.

최상익,『우리말에 살아 숨쉬는 생생한자』, 지호, 1999.

최상익,『한문해석강화』, 한울 아카데미, 2006.

최완식·이영주 외,『초급한문』, 한국방송통신대학교 출판부, 2002.

최완식·이영주 외,『중급한문』, 한국방송통신대학교 출판부, 2002.

최완식·이영주 외,『중국명문감상』, 한국방송통신대학교 출판부, 2004.

최준하 역해,『명심보감』, 청아출판사, 1993.

피에르 도딘(김경애 옮김),『공자』, 한길사, 1998.

한국문화상징사전 편찬위원회,『한국문화상징사전』, 동아출판사, 1995.

한국민속학회 편,『한국속담집』, 서문당, 1986.

한국민족문화대백과사전 편찬부,『한국민족문화대백과사전』, 한국학중앙연구원, 1989.

한규철·김종복 외,『발해의 5경과 영역변천』, 동북아역사재단, 2007.

한영우,『문화정치의 산실 규장각』, 지식산업사, 2008.

함현찬,『교수용 지도서 격몽요결』, 전통문화연구회, 2007.

허균,『옛 그림에서 정치를 걷다』, ㈜북오션, 2015.

홍만종(이민수 역),『순오지』, 을유문화사, 1987.

홍자성(김성중 옮김),『채근담』, 홍익출판사, 2005.

황보밀(김장환 옮김),『고사전』, 지만지, 2008.

Ralf Moritz, Konfuzius Gespräche, Reclam Verlag Leipzig, 1982.

성독 이상필
경상대학교 한문학과 교수

편역 김 생

경남 삼천포에서 태어나 경남대학교에서 독일문학과 교육학을 전공하였습니다. 울산남고등학교·부산사직고
등학교·마산제일고등학교·울산제일고등학교·삼천포고등학교 등에서 기간제 교사로 근무하였고, 경남 사천
옥동의 외당 정중규 선생님에게서 한문을 공부하였습니다. 그동안 선생님께서 옮긴 책으로는『힘차게 읽어요
사자소학』과『백련초해』그리고 동화『바위벌레』가 있습니다.

논형 네이버 카페(https://cafe.naver.com/nonhyung)에 '우리가 꼭 알아야 할 명심보감 50선'을 클릭하면 경상대학교
한문학과 이상필 선생님의 원문 성독을 직접 들으실 수가 있습니다. 자신있게 낭랑하게 따라 읽어보세요.

초판 1쇄 발행 2019년 11월 30일

성독 이상필
편역 김 생

펴낸곳 논형
펴낸이 소재두

등록번호 제2003-000019호
등록일자 2003년 3월 5일
주소 서울시 영등포구 양산로19길15, 원일빌딩 204호
전화 02-887-3561 **팩스** 02-887-6690

ISBN 978-89-6357-232-1 (03700)
값 15,000원